世界百年未有之大变局加速演进
新一轮科技革命和产业变革突飞猛进
抓好创新创业 推动经济增长 促进社会进步

中国"双创"
金融指数报告
[2023]

张祥　庄正／著

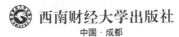

西南财经大学出版社
中国·成都

图书在版编目(CIP)数据

中国"双创"金融指数报告.2023/张祥,庄正著.
成都:西南财经大学出版社,2024.7. --ISBN 978-7-5504-6326-4
Ⅰ.F832
中国国家版本馆 CIP 数据核字第 2024QB1908 号

中国"双创"金融指数报告(2023)

ZHONGGUO "SHUANGCHUANG" JINRONG ZHISHU BAOGAO(2023)

张祥　庄正　著

策划编辑:孙婧
责任编辑:王利
责任校对:植苗
封面设计:杨红鹰
责任印制:朱曼丽

出版发行	西南财经大学出版社(四川省成都市光华村街55号)
网　　址	http://cbs. swufe. edu. cn
电子邮件	bookcj@ swufe. edu. cn
邮政编码	610074
电　　话	028-87353785
照　　排	四川胜翔数码印务设计有限公司
印　　刷	四川五洲彩印有限责任公司
成品尺寸	170 mm×240 mm
印　　张	16.5
字　　数	223 千字
版　　次	2024 年 8 月第 1 版
印　　次	2024 年 8 月第 1 次印刷
书　　号	ISBN 978-7-5504-6326-4
定　　价	78.00 元

序

当前，世界百年未有之大变局加速演进，新一轮科技革命和产业变革突飞猛进，哪个国家抓好了创新创业，哪个国家就抓住了推动经济增长、促进社会进步的关键。从这个意义上说，中国各地的创新创业对推动全国新旧动能转换，实现经济行稳致远与社会安定和谐具有重要的时代价值和战略意义。

从 2017 年开始，中国（深圳）综合开发研究院研究团队每年编制和发布中国"双创"金融指数，从金融资源供给丰富度、金融服务有效度、金融政策支持度、金融环境承载度四个维度，综合研判、评价各个城市金融支持创新创业的情况与成效，同时从金融视角观察各城市的发展潜力。指数评价范围现已覆盖国内（不含港、澳、台地区）337 个地级及以上级别城市。

令人欣喜的是，本期指数显示，近 60% 的城市得分实现了正增长，这反映了各地创新创业以及相关金融发展已呈复苏态势，特别是处于中国西部的成都，已跻身全国"双创"金融城市前五名，西部城市的头部崛起正在带动西部城市群的边际改善。

是为序。

2024 年 1 月 25 日

前言

国内外经济发展经验均表明，金融是创新创业最大的"生态"保障，有效的金融制度安排和创新的金融服务手段是创新创业迅速发展的关键因素。中国"双创"金融指数（China Innovator and Entrepreneur Finance Index，CIEFI）是在综合前人研究的基础上，充分考虑我国城市统计数据特征，并听取、借鉴大量行业专业人士意见后，形成的一个目前适用于国内各城市"双创"金融发展状况评价的动态评估指标体系。

2023 年 CIEFI 系列指数第七次发布，在总结和吸取过往编制经验的基础上，本期"双创"金融指数从金融资源供给丰富度、金融服务有效度、金融政策支持度以及金融环境承载度四个维度，利用 27 项客观指标对国内（不含港、澳、台地区）337 个地级及以上级别城市做了综合评价，希望客观全面地反映全国各地金融支持"双创"活动的实际状况和发展特征，为各地方政府总结发展经验、寻找案例借鉴提供助力。

（1）本期"双创"金融发展综合指数得分排名全国前十强的城市依次是北京、上海、深圳、杭州、成都、苏州、广州、武汉、南京和重庆。北京、上海、深圳、杭州继续稳居前四名，成都、苏州成功超过广州升至第 5 名和第 6 名，重庆首次跻身全国前十强行列。2023 年度中国"双创"金融指数综合排名榜前十强城市，凭借自身雄厚的金融产业基础，为自身"双创"事业发展提供了全方位的金融服务支持，"双创"金融发展综合水平明显高于其他城市。

（2）步入后疫情时代的"双创"金融发展重回增长正轨。本期 337 个城市的"双创"金融发展综合指数得分均值较上期增长 0.34 分，由上期平均减少 0.8 分扭转为正增长；337 个城市中综合得分实现正增长的城市达到 199 个，数量较上期多了 99 个。综合排名百强榜城市本期平均得分增长 0.77 分，较上期平均 0.57 分负增长有了明显的进步。其中，综合指数得分增长前十强城市分别是泰安、烟台、肇庆、西安、南阳、滨州、丽水、衢州、淄博和宜昌。

（3）我国东、西部之间的"双创"金融发展差距较南、北地区差距更为显著。本期华东地区得分均值对西北、西南地区的分差优势分别达到了 25.44 分和 20.72 分。同期，华南与东北地区之间的分差为 10.75 分，与华北地区之间的分值差距仅为 0.51 分。华东地区城市"双创"金融发展水平整体保持遥遥领先，每 3 个华东城市中就有 2 个城市进入"双创"金融指数综合排名百强榜。相对来说，西南、西北及东北地区"双创"金融发展整体表现不佳，本期三个地区仅有 14 个城市进入综合排名百强城市榜单。

（4）成渝城市群综合得分增长表现相对更优。在国家已明确支持发展的城市群中，京津冀、长三角、珠三角、成渝、长江中游等城市群属于发展第一梯队，其"双创"金融发展水平也显著高于全国其他地区城市平均水平。其中，珠三角与长三角城市群整体得分分别高出全国平均分值 61% 和 54%。相对来说，成渝城市群的综合得分领先优势不明显，但本期得分增长进步幅度是主要城市群中表现最好的，同比上期平均增长 2.0 分，而同期全国平均得分增长只有 0.34 分。

（5）2023 年度"双创"金融资源供给丰富度排名全国前十强的城市依次是北京、上海、深圳、杭州、苏州、广州、宁波、南京、天津和成都。前十强城市中的苏州排名上升最快，本期排名上升 2 个位次，超过广州、宁波排全国第 5 名。国内各城市的"双创"金融资源供给丰富度得分表现相对稳定，本期 337 个城市中有 222 个城市的"双创"金融资源供给丰富度得分实现正增长，表明新型冠状病毒感染疫情（以下简称"疫情"）带来的长期不利影响正在淡去，各地政府努力通过金融供给侧结构性改革加强金融对"双创"发展的支持成效正在显现，预期全社会生产、消费以及融资需求都将加速恢复。

（6）2023 年度"双创"金融服务有效度排名全国前十强的城市依次是北京、上海、深圳、杭州、苏州、广州、天津、成都、宁波和武汉。随着持续三年的疫情的结束，国内各城市"双创"金融服务有效度得分也由降转升，头部城市的"双创"金融服务有效度喜人。本期报告"双创"金融服务有效度排名前 20 强城市培育的国家高新技术企业数量达到 22 万家、国家级"专精特新"企业数量 4 520 家，分别占到全国同期的 56% 和 48%；合计拥有 2 723 家上市公司，约占全国总量的 58%；全年新增 A 股上市公司合计 246 家，约占全国总量的 64%。

（7）2023 年度"双创"金融政策支持度排名全国前十强的城市依次是北京、深圳、杭州、广州、重庆、成都、上海、武汉、西安和天津。受疫情等内外部因素影响，过去一年国内城市对"双创"相关金融支持政策内容的关注度有所下降，但地方政府金融政策支持力度并未减弱。分省份来看，山东对"双创"金融支持政策的整体普及度相对最高，本期全省进入百强榜城市的数量达到 14 个，为全国第一。江苏、广东和浙江"双创"金融政策支持力度最大，三省上榜城市得分均值均超过了 15 分，远远高于其他省份的城市。四川则是金融政策支持力度提升最显著的地区，本期 8 个进入排名百强榜的城市得分均值增长了 2.23 分。

（8）2023 年度"双创"金融环境承载度排名全国前十强的城市依次是杭州、成都、武汉、长沙、西安、南京、合肥、苏州、郑州和重庆。本期杭州、成都得分超过上期该分指数排名前四强的四大一线城市,首次排名前两位。与此同时,本期前十强城市中有 4 个是新晋城市,分别是西安、合肥、郑州和重庆。疫情影响深远,过去几期"双创"金融环境承载度评价呈现的"东强西弱"区域特征正在发生重大改变。在本期"双创"金融环境承载度排名百强榜中,东部的华东、华南等地区的入选城市数量分别较上期减少了 15 个和 7 个,而西南、西北地区进入百强榜的城市数量分别较上期增加了 9 个和 7 个,并首次超过华南、华中地区。

(9)华北地区十城跻身全国综合排名百强榜,但多数城市得分下滑。本期华北地区综合排名前十强城市依次是北京、天津、石家庄、太原、保定、唐山、呼和浩特、廊坊、沧州和邢台。区域内 36 个城市中有 27 个得分下滑,在地区排名前 20 强城市中,仅 6 个城市得分实现正增长。综合来看,京津"双创"金融发展综合水平处于华北地区第一梯队,石家庄、太原处于第二梯队,保定、唐山处于第三梯队头部位置,但与第二梯队有较大发展差距。京津冀城市群成员整体表现较好,北京、天津、石家庄连续多期包揽"双创"金融发展综合指数得分华北地区前三名,华北地区排名前十强城市中有 8 个属于京津冀地区,且综合得分多数上升,发展势头好于非京津冀城市。

(10)东北地区整体表现欠佳,区域内排名头部城市地位稳固。本期东北地区综合排名前十强城市依次是大连、沈阳、长春、哈尔滨、吉林、鞍山、盘锦、大庆、丹东和抚顺。其中,大连、沈阳、长春、哈尔滨作为副省级城市排名稳定,包揽本期"双创"金融发展综合指数及各分指数东北地区前 4 名,在全国的排名也稳居前 50 强。本期东北地区城市人口流出的情况没有改善,多数城市人口表现为净流出,仅大连、沈阳、阜新为人口净流入。持续的人口外流对本地区的创新创业生态造成了较大影响,城市综合得分延续下滑态势,36 个城市中有 22 个得分下滑,地区排名前 20 强中仅7个城市得分实现正增长。

（11）华东地区整体发展水平国内最高，地区"双创"金融活动整体回暖。本期华东地区综合排名前十强城市依次是上海、杭州、苏州、南京、宁波、合肥、青岛、济南、厦门和无锡。区域中进入全国综合排名前十强的城市共有4个，进入综合排名百强榜的城市多达50个。华东地区拥有深厚的市场经济发展底蕴，具备应对和处理经济发展困境的丰富经验，在复杂多变的政治或经济事件冲击下，金融机构等市场主体和政府能为企业持续提供多元化的创新创业活动支持，为区域内经济发展打造了强有力的底层基础。区域内的杭州、苏州、南京、宁波、合肥、青岛、济南和厦门等城市本期得分增长明显，充分展示出华东地区第二梯队城市较强的产业承载能力和较高的复苏水平，形成了全国独有的第二梯队城市拉动区域得分回升现象。

（12）华中地区整体综合表现稳定提升，三大省会城市继续在区域领跑。华中地区"双创"金融发展超过全国平均水平，百强城市数在全国各区域中仅次于华东地区。本期华中地区排名前十强城市依次是武汉、长沙、郑州、洛阳、宜昌、株洲、襄阳、新乡、湘潭和岳阳。其中，武汉、长沙、郑州三大中部省会城市分别吸引和集聚了来自全省的创新创业人才和金融资源，"双创"金融发展综合得分均进入全国排名前20强，呈现三足鼎立态势。武汉"龙头"地位依旧稳固，全国排第8名；长沙紧随其后，全国排第13名；郑州排名下滑2位，全国排第17名；地区其他城市均未进入全国前50强行列。

（13）华南地区综合水平保持稳定，深圳、广州并驾齐驱。本期华南地区排名前十强城市依次是深圳、广州、佛山、东莞、珠海、南宁、海口、中山、惠州和江门。深圳和广州凭借其雄厚的经济实力和金融资源，"双创"金融发展综合水平明显高于区域内其他城市，本期两地与在地区排第3

名的城市佛山依然拉开了 10 多分的分差,并远远领先于其他城市。其中,深圳"双创"金融发展实力更为均衡,在"双创"金融资源供给丰富度、"双创"金融服务有效度和"双创"金融政策支持度分指数得分方面均排全国前三名,仅"双创"金融环境承载度得分排全国第 13 名。

(14)西南地区综合发展水平相对较低,主要依托成渝城市群发展带动。西南地区区域内发展不均衡特点仍较显著,在区域内的 54 个城市中,仅有 5 个城市进入全国排名前 100 强,33 个城市排在第 200 名之后。本期西南地区排名前十强城市依次是成都、重庆、昆明、贵阳、绵阳、宜宾、德阳、遵义、拉萨和泸州。成、渝两城本期金融发展综合水平均实现跨越式提升。其中,成都"双创"金融发展综合指数得分在全国排名中再升 1 位,排全国第 5 名,保持全国领先水平;重庆则首次跻身全国综合排名榜前十强,成为少数几个能够比肩东部沿海地区的西部内陆城市之一。近年来,成、渝两城围绕西部金融中心共建,坚持金融服务实体经济,推动金融支持科技创新和产业发展,"双创"金融活动各项指标均跻身全国领先行列。

(15)西北地区整体发展相对滞后,西安稳居地区综合排名第一。本期进入全国"双创"金融发展综合指数排名百强榜的西北城市共 5 个,分别是西安、乌鲁木齐、兰州、银川和西宁。其中,西安综合排名上升 3 个位次,排全国第 12 名,是西北地区"双创"金融发展最主要的带动极。近年来,西安持续探索科技与金融深度结合的新模式,构建了"政府政策引导、利益机制主导、多元创新创业"的西安科技金融产业发展模式,搭建了比较完善的科技金融政策支持体系、机构体系、产品体系与科技金融工作服务平台,创新创业创投成效更加显著,影响力不断扩大。

张祥 庄正

2024 年 8 月

CONTENT 目录

1 中国"双创"金融指数

综合排名百强榜分析

中国"双创"金融指数综合排名百强榜见表1-1。

表1-1 中国"双创"金融指数综合排名百强榜

排名	城市	综合指数得分
1	北京市	94.36
2	上海市	89.44
3	深圳市	89.36
4	杭州市	87.02
5	成都市	83.64
6	苏州市	83.04
7	广州市	82.36
8	武汉市	82.17
9	南京市	80.77
10	重庆市	80.44
11	宁波市	79.59
12	西安市	79.44
13	长沙市	79.40
14	天津市	78.69
15	合肥市	77.59
16	青岛市	76.65
17	郑州市	76.14
18	济南市	75.09
19	厦门市	73.41
20	无锡市	73.36
21	福州市	72.59
22	昆明市	70.70
23	石家庄市	69.83
24	常州市	69.32
25	嘉兴市	69.27
26	佛山市	68.18
27	南通市	68.15
28	东莞市	68.10
29	大连市	67.91
30	南昌市	66.93
31	沈阳市	66.78
32	太原市	66.41

表1-1（续）

排名	城市	综合指数得分
33	珠海市	66.24
34	长春市	65.51
35	哈尔滨市	65.51
36	绍兴市	65.14
37	贵阳市	65.12
38	台州市	64.92
39	烟台市	64.85
40	潍坊市	63.20
41	南宁市	62.41
42	金华市	62.18
43	泉州市	62.03
44	徐州市	61.92
45	湖州市	61.35
46	扬州市	60.55
47	淄博市	60.53
48	乌鲁木齐市	60.36
49	海口市	59.83
50	温州市	59.51
51	赣州市	58.97
52	兰州市	58.15
53	镇江市	57.42
54	芜湖市	57.29
55	盐城市	57.23
56	洛阳市	56.71
57	绵阳市	56.71
58	中山市	56.64
59	保定市	56.56
60	泰州市	56.27
61	威海市	56.26
62	宜昌市	56.13
63	唐山市	56.05
64	惠州市	55.93
65	临沂市	55.38
66	济宁市	55.20

表1-1(续)

排名	城市	综合指数得分
67	株洲市	54.46
68	银川市	52.14
69	连云港市	51.97
70	衢州市	51.74
71	襄阳市	51.51
72	江门市	51.05
73	呼和浩特市	50.97
74	宿迁市	50.95
75	新乡市	50.89
76	湘潭市	50.87
77	九江市	50.87
78	滨州市	50.51
79	漳州市	50.13
80	宜春市	49.83
81	泰安市	49.63
82	淮安市	49.47
83	丽水市	49.41
84	东营市	49.37
85	柳州市	49.27
86	德州市	49.10
87	滁州市	48.94
88	汕头市	48.74
89	岳阳市	48.61
90	西宁市	48.52
91	廊坊市	48.44
92	马鞍山市	48.16
93	沧州市	48.06
94	南阳市	48.01
95	常德市	47.79
96	蚌埠市	47.77
97	肇庆市	47.73
98	上饶市	47.57
99	荆州市	46.57
100	邢台市	46.51

➡ 1.1 综合排名领先城市竞争格局相对稳定

在2023年度"双创"金融发展百强城市中，北京、上海、深圳、杭州、成都、苏州、广州、武汉、南京和重庆分列全国前十名，泰安、南阳、肇庆、上饶、荆州和邢台6个城市为本期新晋榜单成员。

"双创"金融发展领先城市的排名格局相对稳定。在本期综合竞争力排名前十强城市中，有5个城市的排名维持不变，有5个城市排名变化在2个位次以内。其中，苏州、重庆均上升2个位次，成都上升1个位次。

在本期综合排名百强榜城市中，排名升幅前三的是泰安、肇庆和衢州，分别较上期上升50位、18位和14位；名次降幅前三的是马鞍山、温州和呼和浩特，分别较上期下滑15位、14位和13位。具体见表1-2。

表1-2 第7期CIEFI综合排名百强榜排名升幅和降幅显著的城市

城市	综合排名	排名变化
泰安市	81	▲50
肇庆市	97	▲18
衢州市	70	▲14
滨州市	78	▲14
丽水市	83	▲14
南阳市	94	▲14
荆州市	99	▲14
湘潭市	76	▲13
新乡市	75	▲11
烟台市	39	▲10
马鞍山市	92	▼15
温州市	50	▼14
呼和浩特市	73	▼13
汕头市	88	▼12
廊坊市	91	▼12

表1-2(续)

城市	综合排名	排名变化
蚌埠市	96	▼11
惠州市	64	▼10
西宁市	90	▼10
中山市	58	▼8
淮安市	82	▼7

北京、上海、深圳继续领跑综合排名百强榜,本期三者金融发展综合水平较其他城市领先幅度明显。作为国内知名的三大全国性金融中心,北京、上海、深圳三城依托自身雄厚的金融资源和全面的金融服务能力,在金融服务和支持"双创"事业发展方面走在全国前列,"双创"金融发展综合水平明显高于其他城市。

杭州、成都和苏州分列第4名、第5名、第6名。三者凭借自身良好的金融发展态势以及雄厚的市场基础,在"双创"金融各方面均保持均衡发展,已经处于全国"双创"金融发展第一梯队。值得注意的是,在本期,成都和苏州"双创"金融发展综合指数得分排名首次超过广州。其中,成都本期综合指数继续排全国第5名,作为西部内陆地区经济发展领头羊,在金融支持"双创"事业发展方面已经处于西部乃至全国领跑地位。

广州、武汉、南京和重庆本期排名分列全国第7名、第8名、第9名、第10名。广州排名较上期下滑2位,武汉排名较上期下滑1位,重庆排名较上期上升2位。其中,广州主要受人口负增长等"双创"金融环境承载度相关指标影响,综合排名被成都和苏州赶超;武汉在疫情之后的经济金融强劲复苏势头告一段落,排名连续上升势头受到遏制;南京作为东部沿海地区经济金融发展突出的代表城市之一,"双创"金融继续保持稳健发展态势;重庆与成都共建西部金融中心的努力开始显现成效,在本期首次跻身综合排名榜前十强行列。

➔ 1.2 主要城市综合得分恢复增长势头

在持续受到疫情等一系列内外部超预期因素冲击影响期间，大众创新、万众创业在战疫情、稳经济、保民生中提供了稳住基本盘、巩固恢复基础、提振社会信心的重大作用，而"双创"金融则成为"双创"事业持续发挥作用的牵引绳和保障器。随着 2023 年初持续三年的疫情防控工作取得胜利，全社会开始进入全面复苏阶段。

从总体来看，疫情带来的不利影响已基本消除，各地"双创"金融发展也重回增长正轨。本期 337 个城市的"双创"金融发展综合指数得分均值较上期增长 0.34 分，已由上期的持续减少扭转为增长势头；337 个城市中综合得分实现正增长的城市达到 199 个，较上期多了 99 个。综合排名百强榜城市本期平均得分增长 0.77 分，本期百城增长得分的合计值为 76.51 分，较上期-57.05 分的增长累积值有了大幅进步和改善。具体见图 1-1。

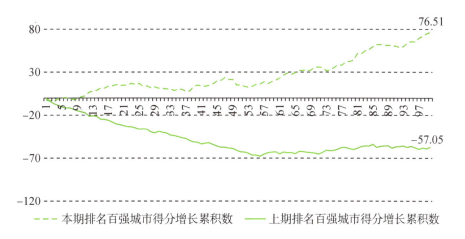

图 1-1 "双创"金融指数排名百强城市综合指数增长分值累积变化比较

排名相对靠后城市的复苏增长态势更为明显。在综合排名百强榜中，本期得分增长最大的前十强城市分别是泰安、烟台、肇庆、西安、南阳、滨州、丽水、衢州、淄博和宜昌。具体参见表 1-3。

表 1-3　第 7 期 CIEFI 综合排名百强榜中得分升幅和降幅前十的城市

城市	综合得分	得分变化
泰安市	49.63	▲8.03
烟台市	64.85	▲5.35
肇庆市	47.73	▲4.33
西安市	79.44	▲4.24
南阳市	48.01	▲3.79
滨州市	50.51	▲3.71
丽水市	49.41	▲3.63
衢州市	51.74	▲3.57
淄博市	60.53	▲3.42
宜昌市	56.13	▲3.37
温州市	59.51	▼6.43
呼和浩特市	50.97	▼3.53
佛山市	68.18	▼3.16
上海市	89.44	▼2.57
贵阳市	65.12	▼2.36
中山市	56.64	▼2.32
乌鲁木齐市	60.36	▼2.20
东莞市	68.10	▼2.04
广州市	82.36	▼1.77
兰州市	58.15	▼1.75

➡ 1.3　东、西部发展差距较南、北地区差距更为明显

"双创"金融发展存在明显的区域差异。我国"双创"金融发展水平领先的城市主要集中分布在我国沿海及中部，综合排名百强城市有三分之

二来自我国沿海地区。本期华东地区就有 50 个城市进入排名百强榜单，华南和华中地区各有 13 个城市上榜，华北地区有 10 个城市上榜，西南和西北地区各有 5 个城市上榜，东北地区有 4 个城市上榜。

东、西部发展差距较南、北地区差距更为明显。本期华东地区得分均值为 54.41 分，较西北、西南地区的分差优势分别达到了 25.44 分和 20.72分，同期，华南与东北地区的分差为 10.75 分，与华北地区的分差仅为0.51 分。不过，南、北地区之间的整体差距呈现扩大趋势，本期华北、东北城市综合得分均值分别较上期减少了 0.66 分和 0.36 分，同期南方地区的华南和华中城市综合得分均值分别增长了 0.34 分和 0.48 分。

华东地区城市"双创"金融发展水平整体保持遥遥领先地位。华东地区城市上榜率高达 68%，即每 3 个华东城市中，就有 2 个城市进入"双创"金融指数综合排名百强榜。华东地区有 4 个城市进入排名前十强、有 9 个城市进入排名前 20 强，其中上海、杭州、苏州和南京依次排第 2 名、第 4 名、第 6 名和第 9 名。

分地区中国"双创"金融指数综合排名榜百强城市数量见图 1-2 和表 1-4。

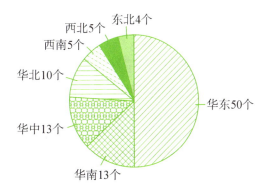

图 1-2 分地区中国"双创"金融指数综合排名榜百强城市数量

表 1-4　各地区综合排名榜百强城市数量及地区得分情况

综合排名榜	华东	华南	华中	华北	西南	西北	东北	全国平均
综合排名榜百强城市数/个	50	13	13	10	5	5	4	—
综合得分地区均值	54.41	41.91	43.72	41.40	33.69	28.97	31.16	40.52
均值较上期变化	0.56	0.34	0.48	-0.66	0.88	0.54	-0.36	0.34

相对来说，西南、西北及东北地区整体"双创"金融发展表现不佳，三个地区本期仅有 14 个城市进入排名百强城市榜单。其中，东北地区整体得分均值较上期还减少了 0.36 分，同期全国均值得分增长 0.34 分。

➡ 1.4　成渝城市群综合得分增长表现最优

在目前国家已明确支持发展的城市群中，京津冀、长三角、珠三角、成渝、长江中游等城市群属于发展第一梯队，其"双创"金融发展水平也显著高于全国其他地区城市平均水平。

从综合排名百强榜城市分布来看，本期一半的上榜城市来自京津冀、长三角、珠三角、成渝、长江中游 5 个城市群，上榜城市总数较上期再增加 3 个。其中，来自长三角城市群的上榜城市有 22 个，来自长江中游城市群的上榜城市有 11 个，来自珠三角城市群的上榜城市有 9 个，来自京津冀城市群的上榜城市有 8 个，来自成渝城市群的上榜城市有 3 个。具体见表 1-5。

表 1-5　五大城市群综合指数表现比较

城市群综合指数表现	珠三角	长三角	京津冀	长江中游	成渝	合计
百强城市数/个	9	22	8	11	3	53
上榜数较上期变化/个	+1	0	+1	+1	0	+3
城市群成员总数/个	9	27	14	26	16	92

表1-5（续）

城市群综合指数表现	珠三角	长三角	京津冀	长江中游	成渝	合计
城市群全员得分均值	65.07	62.49	52.58	47.86	45.19	—
上榜数占城市群成员总数	100%	81%	57%	42%	19%	58%

从整体来看，城市群成员城市的"双创"金融发展水平要显著高于其他地区城市。五大城市群整体平均得分均远高于全国平均分值，珠三角与长三角城市群整体得分分别高出全国平均分值61%和54%，相对来说，成渝城市群整体得分在五大城市群中最低，但也较全国平均分值高出12%。

珠三角城市群整体"双创"金融发展水平相对最高。从城市群成员城市上榜率来看，本期珠三角城市群9个成员城市全部进入综合排名百强榜，高居首位。本期珠三角9市平均得分65.07，均值分别高出长江中游和成渝城市群36%和44%。不过值得注意的是，本期珠三角整体平均得分较上期有所下滑，除肇庆外，其余8个成员城市综合得分均有不同程度下滑。究其原因，珠三角城市群成员城市受疫情影响，城市常住人口流失的情况较为明显，深圳、广州、佛山、东莞等经济人口大市均出现了人口净流出现象，特别是深圳的常住人口负增长属于近几十年来首次。

长三角城市群27个成员城市的"双创"金融发展指数综合得分平均值为62.49分，较上期略有增长，整体得分水平较珠三角仅差5%左右，较全国平均得分高出22.08分。其中，上海、杭州、苏州、南京为城市群区域内的领跑带动者，本期四者继续稳居全国综合排名前十强行列，分别排全国第2名、第4名、第6名和第9名。

京津冀城市群14个成员城市的"双创"金融发展指数综合得分平均值为52.58分，较上期略高出0.39分。京津冀整体得分与珠三角和长三角地区仍有一定差距，但较全国平均得分仍保持约30%的领先优势。其中，北京一枝独秀，排全国第1名，天津紧随其后，排全国第14名。除此之外，石家庄表现相对较好，本期排全国第23名。

　　相对来说，长江中游城市群和成渝城市群的"双创"金融发展指数综合得分在全国的领先优势并不明显，但整体增长水平还是高于全国平均水平。本期两者的"双创"金融发展指数综合得分平均值分别为47.86分和45.19分，分别较上期增长0.91分和2.0分，得分增幅远高于其他城市群和全国平均水平。其中，武汉和长沙、成都和重庆分别是各自所在城市群的核心带动者。本期武汉和长沙分别排全国第8名和第13名，成都和重庆分别排全国第5名和第10名。

　　具体情况参见图1-3。

图1-3　五大城市群成员城市综合指数平均得分比较

2 中国"双创"金融资源供给

丰富度排名百强榜分析

中国"双创"金融资源供给丰富度排名百强榜见表2-1。

表2-1 中国"双创"金融资源供给丰富度排名百强榜

排名	城市	金融资源供给丰富度分指数得分
1	北京市	24.35
2	上海市	23.21
3	深圳市	21.76
4	杭州市	20.87
5	苏州市	20.05
6	广州市	19.97
7	宁波市	19.95
8	南京市	19.38
9	天津市	19.12
10	成都市	19.02
11	武汉市	18.47
12	长沙市	18.47
13	济南市	18.31
14	嘉兴市	17.72
15	厦门市	17.60
16	无锡市	17.44
17	重庆市	17.38
18	福州市	17.38
19	合肥市	17.36
20	西安市	17.36
21	珠海市	17.18
22	青岛市	17.14
23	郑州市	16.49
24	常州市	16.46
25	昆明市	16.05
26	石家庄市	15.96
27	东莞市	15.84
28	绍兴市	15.67
29	佛山市	15.64
30	南通市	15.48
31	湖州市	15.47
32	徐州市	15.36

表2-1(续1)

排名	城市	金融资源供给丰富度分指数得分
33	乌鲁木齐市	15.29
34	太原市	15.21
35	台州市	15.14
36	哈尔滨市	14.97
37	南昌市	14.84
38	贵阳市	14.78
39	烟台市	14.67
40	海口市	14.66
41	大连市	14.59
42	沈阳市	14.51
43	长春市	14.47
44	金华市	14.15
45	潍坊市	13.51
46	镇江市	13.48
47	赣州市	13.47
48	淄博市	13.37
49	盐城市	13.30
50	泰州市	13.23
51	唐山市	13.21
52	扬州市	13.20
53	芜湖市	13.17
54	九江市	13.13
55	惠州市	12.89
56	宜昌市	12.85
57	呼和浩特市	12.48
58	株洲市	12.45
59	兰州市	12.43
60	泉州市	12.39
61	南宁市	12.32
62	中山市	12.22
63	西宁市	12.21
64	衢州市	12.18
65	保定市	12.15
66	柳州市	12.14

表2-1(续2)

排名	城市	金融资源供给丰富度分指数得分
67	上饶市	12.03
68	洛阳市	12.02
69	威海市	11.98
70	拉萨市	11.89
71	宁德市	11.68
72	宿迁市	11.66
73	绵阳市	11.61
74	银川市	11.55
75	湘潭市	11.47
76	丽水市	11.35
77	宜春市	11.33
78	连云港市	11.29
79	济宁市	11.22
80	江门市	11.20
81	滨州市	11.08
82	蚌埠市	11.04
83	荆州市	10.92
84	泰安市	10.83
85	临沂市	10.76
86	肇庆市	10.72
87	新余市	10.56
88	淮安市	10.51
89	六安市	10.35
90	铜陵市	10.32
91	吉林市	10.29
92	宣城市	10.21
93	三亚市	10.12
94	张家口市	10.11
95	邢台市	10.11
96	襄阳市	10.08
97	安庆市	10.02
98	桂林市	10.02
99	淮北市	10.00
100	常德市	9.98

"双创"金融资源供给丰富度是从资金供给的角度，评估和反映地方金融在支持本地"双创"发展方面实际投入的金融资源以及潜在可供给的资源规模，包括信贷资源、直接融资、私募股权资源等。

→ 2.1　北京、上海、深圳、杭州、苏州领跑"双创"金融资源供给丰富度排名榜

2023 年度"双创"金融资源供给丰富度得分排名前十强的城市分别是北京、上海、深圳、杭州、苏州、广州、宁波、南京、天津和成都。本期排名前十强的城市与上期完全一致，仅苏州与广州、宁波调换了位子。

在本期"双创"金融资源供给丰富度排名百强榜城市中，拉萨、宁德、湘潭、滨州、荆州、泰安、肇庆、六安、铜陵、吉林、张家口、邢台、安庆、桂林、淮北和常德 16 个城市为新晋成员。

在本期"双创"金融资源供给丰富度排名百强榜中，共有 14 个城市排名维持不变。分指数得分排名升幅前三的是邢台、泰安和荆州，分别上升 95 名、62 名和 57 名；排名降幅前三的是江门、呼和浩特和南宁，分别下滑 18 位、14 位和 12 位。具体见表 2-2。

表 2-2　第 7 期 CIEFI"双创"金融资源供给丰富度排名百强榜排名变化情况

城市	CIEFI 7 排名	排名变化
北京市	1	—
上海市	2	—
深圳市	3	—
杭州市	4	—
苏州市	5	▲2
广州市	6	▼1
宁波市	7	▼1
南京市	8	

表2-2(续1)

城市	CIEFI 7 排名	排名变化
天津市	9	—
成都市	10	—
武汉市	11	—
长沙市	12	—
济南市	13	▲2
嘉兴市	14	▲5
厦门市	15	▲6
无锡市	16	—
重庆市	17	—
福州市	18	▲4
合肥市	19	▲1
西安市	20	▼6
珠海市	21	▼8
青岛市	22	▼4
郑州市	23	▲3
常州市	24	—
昆明市	25	▲2
石家庄市	26	▲9
东莞市	27	▲3
绍兴市	28	▲1
佛山市	29	▼4
南通市	30	▲3
湖州市	31	▲3
徐州市	32	▲22
乌鲁木齐	33	▼10
太原市	34	▼2
台州市	35	▲2
哈尔滨市	36	▲4
南昌市	37	▼9
贵阳市	38	▼7
烟台市	39	▲5

表2-2（续2）

城市	CIEFI 7 排名	排名变化
海口市	40	▲12
大连市	41	▼5
沈阳市	42	—
长春市	43	▼5
金华市	44	▲3
潍坊市	45	▼4
镇江市	46	▼7
赣州市	47	▲13
淄博市	48	▲10
盐城市	49	▲17
泰州市	50	▲9
唐山市	51	▼6
扬州市	52	▼1
芜湖市	53	—
九江市	54	▼4
惠州市	55	▲1
宜昌市	56	▲5
呼和浩特	57	▼14
株洲市	58	▼3
兰州市	59	▼11
泉州市	60	▲7
南宁市	61	▼12
中山市	62	▼5
西宁市	63	▲10
衢州市	64	▲16
保定市	65	▲20
柳州市	66	▲27
上饶市	67	▲24
洛阳市	68	▲3
威海市	69	▼1
拉萨市	70	▲33

表2-2(续3)

城市	CIEFI 7 排名	排名变化
宁德市	71	▲46
宿迁市	72	▲7
绵阳市	73	▼4
银川市	74	▼11
湘潭市	75	▲41
丽水市	76	▲6
宜春市	77	▲4
连云港市	78	▼8
济宁市	79	▼7
江门市	80	▼18
滨州市	81	▲26
蚌埠市	82	▲13
荆州市	83	▲57
泰安市	84	▲62
临沂市	85	▼8
肇庆市	86	▲48
新余市	87	▲1
淮安市	88	▲8
六安市	89	▲31
铜陵市	90	▲19
吉林市	91	▲40
宣城市	92	▼9
三亚市	93	▼9
张家口市	94	▲11
邢台市	95	▲95
襄阳市	96	▼9
安庆市	97	▲24
桂林市	98	▲27
淮北市	99	▲34
常德市	100	▲27

北京、上海、深圳继续稳居前三名。北京、上海、深圳在信贷资源供给、直接融资供给、私募股权资源供给等方面继续保持显著领先优势，各方面机构资源和资金资源均处于全国领跑地位。其中，2022 年北京全年新增贷款余额达到 8 787 亿元、股票融资规模 2 242 亿元、债券融资规模 18.66 万亿元、私募股权投资规模 2 489 亿元，四项指标均排全国第 1 名。

杭州在间接融资供给和直接融资供给方面均表现优异，继续稳居全国第 4 名。杭州在私募股权资源供给方面优势突出。截至 2023 年 6 月底，杭州私募基金管理人数量达到 737 家，仅次于北京、上海、深圳，是同期苏州、广州的两倍。

在排名前十强的城市中，苏州排名上升最快，本期排名上升 2 个位次，超过广州、宁波，排全国第 5 名。苏州本期直接融资表现优异，2022 年全年股票市场融资达到 734.38 亿元，国内融资总量仅次于北京、上海、深圳三地，大约是同期广州的 2.2 倍。近年来，苏州积极建设多层次资本市场，大力引导和支持企业抢抓资本市场改革历史机遇，推动高新技术企业等优质企业登陆资本市场，2019—2022 年，苏州的境内上市公司数几乎翻了一番，达到了将近 200 家，总数排全国第 5 名。

以上情况具体对比参见表 2-3。

表 2-3　第 7 期 CIEFI"双创"金融资源供给丰富度排名榜前十强评价指标对比

城市	新增贷款余额/亿元	商业银行网点密度/家每万人	股票融资规模/亿元	债券融资规模/亿元	私募股权投资案例数/起	私募股权投资规模/亿元	私募股权投资管理人数/家
北京市	8 787.00	1.52	2 242.36	186 607.44	1 084	2 488.79	2 204
上海市	7 106.78	1.33	1 624.56	59 122.13	900	1 754.73	1 781
深圳市	6 182.21	1.01	1 249.51	31 697.54	242	826.23	1 728
杭州市	6 031.20	1.34	553.75	15 553.98	385	458.74	737
苏州市	7 420.46	1.19	734.38	7 310.69	274	357.59	357
广州市	7 518.99	1.19	338.28	18 954.39	141	539.93	372

表2-3(续)

城市	新增贷款余额/亿元	商业银行网点密度/家每万人	股票融资规模/亿元	债券融资规模/亿元	私募股权投资案例数/起	私募股权投资规模/亿元	私募股权投资管理人数/家
宁波市	3 940.50	1.50	390.32	8 309.70	231	361.15	479
南京市	5 454.83	1.37	204.98	17 761.06	188	353.11	240
天津市	1 440.52	1.57	267.64	12 001.82	188	447.74	277
成都市	6 628.00	0.99	586.07	12 071.04	72	261.10	234

数据来源：原中国银保监会、中国证监会、中国证券投资基金业协会官网，时间截至2023年6月底。

→ 2.2 "双创"金融资源供给丰富度恢复增长态势

2023年度国内各城市的"双创"金融资源供给丰富度得分表现相对优秀。本期337个城市中有222个城市的"双创"金融资源供给丰富度得分实现正增长。具体见表2-4。

表2-4 第7期CIEFI"双创"金融资源供给丰富度排名百强得分变化

城市	CIEFI 7得分	得分变化
北京市	23.87	▲0.48
上海市	23.52	▼0.31
深圳市	22.18	▼0.42
杭州市	20.97	▼0.09
苏州市	19.31	▲0.74
广州市	19.87	▲0.10
宁波市	19.52	▲0.43
南京市	19.14	▲0.24
天津市	19.06	▲0.07
成都市	18.87	▲0.15
武汉市	18.68	▼0.20

表2-4(续1)

城市	CIEFI 7 得分	得分变化
长沙市	18.40	▲0.06
济南市	17.66	▲0.65
嘉兴市	17.30	▲0.42
厦门市	17.02	▲0.59
无锡市	17.48	▼0.04
重庆市	17.46	▼0.08
福州市	16.87	▲0.51
合肥市	17.24	▲0.12
西安市	17.67	▼0.31
珠海市	18.26	▼1.08
青岛市	17.36	▼0.23
郑州市	15.96	▲0.53
常州市	16.33	▲0.13
昆明市	15.87	▲0.18
石家庄市	15.18	▲0.79
东莞市	15.71	▲0.13
绍兴市	15.72	▼0.05
佛山市	16.08	▼0.43
南通市	15.52	▼0.03
湖州市	15.41	▲0.07
徐州市	12.81	▲2.55
乌鲁木齐	16.75	▼1.46
太原市	15.56	▼0.35
台州市	14.87	▲0.26
哈尔滨市	14.37	▲0.60
南昌市	15.78	▼0.94
贵阳市	15.57	▼0.80
烟台市	14.08	▲0.58
海口市	13.30	▲1.36
大连市	15.10	▼0.51
沈阳市	14.19	▲0.33

表2-4(续2)

城市	CIEFI 7 得分	得分变化
长春市	14.78	▼0.31
金华市	13.90	▲0.25
潍坊市	14.29	▼0.79
镇江市	14.38	▼0.90
赣州市	12.27	▲1.20
淄博市	12.59	▲0.78
盐城市	11.79	▲1.51
泰州市	12.48	▲0.75
唐山市	14.03	▼0.83
扬州市	13.34	▼0.14
芜湖市	13.10	▲0.06
九江市	13.35	▼0.22
惠州市	12.77	▲0.12
宜昌市	12.06	▲0.78
呼和浩特	14.13	▼1.65
株洲市	12.79	▼0.33
兰州市	13.59	▼1.15
泉州市	11.65	▲0.75
南宁市	13.53	▼1.21
中山市	12.75	▼0.53
西宁市	10.87	▲1.33
衢州市	10.53	▲1.65
保定市	10.31	▲1.84
柳州市	9.81	▲2.34
上饶市	9.83	▲2.20
洛阳市	11.32	▲0.70
威海市	11.63	▲0.34
拉萨市	9.39	▲2.51
宁德市	8.86	▲2.81
宿迁市	10.70	▲0.96
绵阳市	11.63	▼0.02

表2-4(续3)

城市	CIEFI 7 得分	得分变化
银川市	12.01	▼0.46
湘潭市	8.93	▲2.54
丽水市	10.47	▲0.88
宜春市	10.50	▲0.82
连云港市	11.43	▼0.14
济宁市	11.04	▲0.18
江门市	12.04	▼0.84
滨州市	9.17	▲1.91
蚌埠市	9.63	▲1.41
荆州市	8.26	▲2.66
泰安市	8.07	▲2.76
临沂市	10.77	▼0.01
肇庆市	8.45	▲2.27
新余市	9.91	▲0.65
淮安市	9.54	▲0.97
六安市	8.80	▲1.55
铜陵市	9.12	▲1.21
吉林市	8.49	▲1.80
宣城市	10.40	▼0.19
三亚市	10.39	▼0.27
张家口市	9.31	▲0.80
邢台市	6.87	▲3.24
襄阳市	10.24	▼0.16
安庆市	8.73	▲1.29
桂林市	8.66	▲1.36
淮北市	8.45	▲1.55
常德市	8.61	▲1.37

本期得分增长排名前十强的城市分别是邢台、宁德、泰安、荆州、徐州、湘潭、拉萨、柳州、肇庆和上饶。

多数城市得分实现逆势增长,究其原因,一方面在于持续三年的疫情终于结束，长期不利因素的影响正在淡去，全社会进入生产恢复阶段，生产与消费的融资需求也逐步恢复；另一方面在于各地方政府努力通过金融供给侧结构性改革加强金融对"双创"发展的支持，引导更多金融资源投向"双创"发展领域。

➡ 2.3 西部金融资源供给丰富度得分上升较东部更显著

从金融资源供给总量来看，金融对"双创"支持力度最大的城市主要集中在东部沿海地区。在"双创"金融资源供给丰富度排名百强榜城市中，仅华东地区就有 51 个城市上榜，华南地区有 14 个城市上榜，华北地区有 9 个城市上榜，同期，西南和西北地区上榜城市合计仅有 11 个。

值得注意的是，西部上榜城市得分均值增幅超过了东部。本期西南、西北地区上榜城市分指数得分均值分别为 7.25 分和 6.21 分，分别较上期增长 0.77 分和 0.46 分，增幅均高于同期华东及华南地区上榜城市均值增幅，表明西部城市过去一年在引导金融支持"双创"发展方面投入了更多资源。以西部排名领跑的成都为例，本期"双创"金融资源供给丰富度排全国第 5 名，在引导信贷、直接融资等支持"双创"发展方面取得突出的成绩，2022 年全年新增贷款余额达到了 6 628 亿元，全年股票融资规模 586 亿元，指标规模分别排全国第 5 名和第 6 名。

分省份来看，东部沿海省份上榜城市得分显著高于其他地区城市，特别是江苏、浙江、上海地区城市领先优势明显。在本期排名百强榜中，浙江、江苏两省分别有上榜城市 9 个和 13 个，上榜城市平均得分分别为 15.83 分、14.68 分，得分位列所有省份第 1 名和第 3 名。其中，区域内的杭州、苏州、宁波和南京分别排全国第 4 名、第 5 名、第 7 名和第 8 名。

除江苏、浙江、上海外，广东地区城市平均实力最突出。广东省有 9 市跻身排名百强榜，上榜城市"双创"金融资源供给丰富度分指数平均得分 15.27 分，得分均值排全国第 2 名，仅次于浙江。深圳、广州是广东省内上榜城市中的佼佼者，本期两者分别排全国第 3 名和第 6 名。

详细情况参见表 2-5 和表 2-6。

表 2-5　分地区"双创"金融资源供给丰富度

"双创"金融资源供给丰富度	华东	华南	华北	华中	西南	西北	东北
上榜百强城市数/个	51	14	10	9	6	5	5
百强城市数较上期变化/个	-4	-1	+1	+1	0	0	+1
地区城市平均得分	12.10	9.14	8.77	8.81	7.25	6.21	6.13
地区城市平均得分增长	0.15	0.44	0.32	-0.02	0.77	0.46	0.95

表 2-6　"双创"金融资源供给丰富度排名百强榜城市所在省份分布

"双创"金融资源供给丰富度	江苏	山东	浙江	广东	安徽	江西
上榜百强城市数/个	13	10	9	9	8	6
百强城市平均得分	14.68	13.29	15.83	15.27	11.56	12.56
百强城市平均得分增长	0.51	0.62	0.42	-0.08	0.88	0.62

➡ 2.4　金融资源供给丰富度保障了"双创"活跃度

本期报告在 CIEFI 指标体系中选取了两组具有代表性的指标，分别用来衡量城市在"双创"事业方面已经形成的活跃度和金融资源供给丰富度。其中，"双创"活跃度主要指标包括当年新设市场主体数、新增商标注册件数、新增发明专利申请量及 SCI 论文发表数等指标，金融资源供给丰富度则主要根据 CIEFI 指标体系中当年各地所提供的"双创"金融资源供给丰富度相关指标来测度，主要包括信贷供给规模、直接融资供给规模及私募股权投资规模等指标。

应用"双创"金融指数排名百强城市的特征数据，可以发现"双创"

活跃度与"双创"金融资源供给丰富度的相关系数达到了 0.76，这说明"双创"活跃度与"双创"金融资源供给丰富度之间有非常强的相关性。

"双创"金融资源供给丰富度是金融服务创新创业的直接体现，在某种意义上可以说，金融对"双创"活动的资源支持越强，创新创业的活跃度就越高。而"双创"金融资源的集聚，又基本体现了金融资源集聚"强者恒强"的"马太效应"，即面向市场需求大以及已经形成规模集聚效应的地区流动。具体见图 2-1。

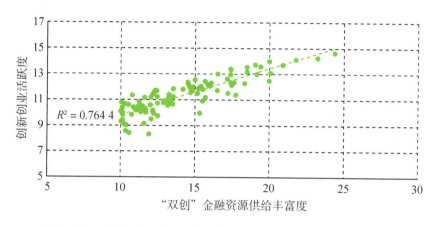

图 2-1　百强城市"双创"活跃度与金融资源供给丰富度相关性分析

处于"双创"金融资源供给丰富度分指数得分排名前列的城市，基本上已经是国内重要的金融中心。本期分指数得分排名前三的北京、上海、深圳是国内三大全国性金融中心，前十强中的杭州、广州、南京、成都、天津等也均是国内重要的区域金融中心。

➡ 2.5　直接融资资金供给的作用显著增强

早在 2018 年，国务院发布的《关于推动创新创业高质量发展　打造"双创"升级版的意见》中已明确指出，鼓励和支持相关主体利用股票市场融资、债券融资等多种形式拓宽创新创业直接融资渠道。近年来，随着注册制改革、长期投资者引入等一系列资本市场重大制度及措施的实施，国内各地积极利用资本市场引导资本投向创新创业领域，直接融资规模显著提升。

2022年，全国337个地级及以上级别城市全年合计获得股票、债券及私募股权投融资规模61.1万亿元，较上年同期增长28.6%，增幅扩大15.5个百分点；平均每个城市年均股票融资规模49.6亿元、债券融资规模1 717.7亿元、私募股权投资规模45.6亿元，分别较上年同期增长13.8%、38.7%和−64.3%。

在排名百强榜城市中，2022年直接融资规模总量排名前十强城市分别是北京、上海、深圳、广州、南京、杭州、成都、重庆、济南和武汉。十强城市直接融资规模基本在万亿元上下，其中北京是唯一接近20万亿元级别的城市。

债券融资成为各城市提升直接融资规模的主要途径。全年共有8个城市债券融资规模超过万亿元，北京、上海和深圳分别突破18万亿元、6万亿元和3万亿元。

2022年全国直接融资规模排名前十强的城市及其融资结构参见图2−2和表2−7。

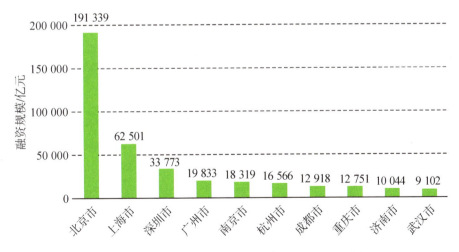

图 2−2 2022 年全国直接融资规模排名前十强的城市

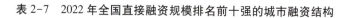

表 2-7　2022 年全国直接融资规模排名前十强的城市融资结构

单位：亿元

城市	股票融资规模	债券融资规模	私募股权投资规模
北京市	2 242.36	186 607.44	2 488.79
上海市	1 624.56	59 122.13	1 754.73
深圳市	1 249.51	31 697.54	826.23
广州市	338.28	18 954.39	539.93
南京市	204.98	17 761.06	353.11
杭州市	553.75	15 553.98	458.74
成都市	586.07	12 071.04	261.10
重庆市	366.49	12 312.67	72.14
济南市	179.54	9 357.46	507.17
武汉市	217.55	8 683.39	201.13

3 中国"双创"金融服务有效度

排名百强榜分析

中国"双创"金融服务有效度排名百强榜见表3-1。

表3-1　中国"双创"金融服务有效度排名百强榜

排名	城市	金融服务有效度分指数得分
1	北京市	25.00
2	上海市	23.99
3	深圳市	23.19
4	杭州市	20.59
5	苏州市	20.28
6	广州市	20.09
7	天津市	20.04
8	成都市	20.03
9	宁波市	20.02
10	武汉市	19.44
11	重庆市	19.40
12	西安市	18.90
13	南京市	18.86
14	长沙市	18.79
15	青岛市	18.56
16	合肥市	18.55
17	无锡市	18.17
18	厦门市	18.14
19	东莞市	17.78
20	郑州市	17.62
21	济南市	17.48
22	福州市	17.28
23	常州市	17.28
24	嘉兴市	17.25
25	佛山市	17.14
26	绍兴市	16.99
27	南通市	16.84
28	温州市	16.83
29	台州市	16.69
30	烟台市	16.66
31	大连市	16.55
32	沈阳市	16.07

表3-1(续1)

排名	城市	金融服务有效度分指数得分
33	石家庄市	16.06
34	湖州市	15.98
35	哈尔滨市	15.79
36	金华市	15.70
37	昆明市	15.52
38	淄博市	15.37
39	芜湖市	15.29
40	潍坊市	15.14
41	珠海市	15.10
42	唐山市	14.99
43	太原市	14.89
44	长春市	14.83
45	威海市	14.43
46	泉州市	14.37
47	济宁市	14.21
48	株洲市	14.12
49	惠州市	14.11
50	扬州市	14.08
51	宜昌市	13.95
52	南昌市	13.94
53	中山市	13.86
54	乌鲁木齐市	13.86
55	镇江市	13.65
56	泰州市	13.60
57	新乡市	13.58
58	洛阳市	13.46
59	邢台市	12.96
60	保定市	12.92
61	南宁市	12.89
62	绵阳市	12.84
63	衢州市	12.82
64	襄阳市	12.71
65	赣州市	12.71
66	滁州市	12.67

表3-1(续2)

排名	城市	金融服务有效度分指数得分
67	海口市	12.61
68	徐州市	12.57
69	德州市	12.47
70	江门市	12.43
71	泰安市	12.43
72	马鞍山市	12.34
73	临沂市	12.29
74	宜春市	12.23
75	沧州市	12.20
76	许昌市	12.18
77	蚌埠市	12.16
78	廊坊市	12.14
79	连云港市	12.08
80	盐城市	12.08
81	龙岩市	12.06
82	银川市	12.00
83	宣城市	11.97
84	滨州市	11.97
85	兰州市	11.90
86	漳州市	11.88
87	焦作市	11.85
88	岳阳市	11.82
89	贵阳市	11.81
90	南阳市	11.79
91	湘潭市	11.77
92	宿迁市	11.73
93	安庆市	11.70
94	遵义市	11.68
95	东营市	11.62
96	汕头市	11.61
97	常德市	11.55
98	聊城市	11.51
99	益阳市	11.46
100	桂林市	11.35

"双创"金融服务有效度主要用于评价和反映地方金融服务和支持"双创"活动的产出，是对金融服务和支持创新创业实际成效的评价，而地方科创企业数量和企业上市挂牌规模等指标数据则是金融服务和支持创新创业具体成效的直接体现。

➡ 3.1　百强城市排名格局发生显著变化

2023 年度"双创"金融服务有效度排名百强榜格局变化明显，特别是头部城市变化显著。

本期排名前十强的城市分别是北京、上海、深圳、杭州、苏州、广州、天津、成都、宁波和武汉。杭州、天津本期排名分别上升 7 位和 6 位，跻身分指数得分百强榜单排名前十强；苏州、宁波和武汉分别下滑 1 位、3 位和 5 位，本期分列第 5 名、第 9 名和第 10 名；南京和无锡排名分别下滑 5 位和 7 位，无缘本期排名前十强。

本期"双创"金融服务有效度排名百强城市中，排名上升幅度前三的是衢州、泰安和新乡，分别较上期上升 43 位、29 位和 18 位；排名降幅前三的是贵阳、宿迁和汕头，分别较上期下滑 39 位、31 位和 26 位。具体见表 3-2。

表 3-2　第 7 期 CIEFI "双创" 金融服务有效度百强排名变化情况

城市	CIEFI 7 排名	排名变化
北京市	1	—
上海市	2	—
深圳市	3	—
杭州市	4	▲7
苏州市	5	▼1
广州市	6	▲1
天津市	7	▲6

表3-2(续1)

城市	CIEFI 7 排名	排名变化
成都市	8	▲1
宁波市	9	▼3
武汉市	10	▼5
重庆市	11	▲1
西安市	12	▲7
南京市	13	▼5
长沙市	14	—
青岛市	15	▲1
合肥市	16	▲4
无锡市	17	▼7
厦门市	18	—
东莞市	19	▲5
郑州市	20	▲5
济南市	21	—
福州市	22	▲1
常州市	23	▼8
嘉兴市	24	▲5
佛山市	25	▼8
绍兴市	26	▲8
南通市	27	▼5
温州市	28	▲9
台州市	29	▼1
烟台市	30	▼3
大连市	31	▲2
沈阳市	32	—
石家庄市	33	▼2
湖州市	34	▲15
哈尔滨市	35	—
金华市	36	▲9
昆明市	37	▼11
淄博市	38	▲4

表3-2(续2)

城市	CIEFI 7 排名	排名变化
芜湖市	39	▲1
潍坊市	40	▲1
珠海市	41	▼5
唐山市	42	▼3
太原市	43	▼13
长春市	44	▼6
威海市	45	▲12
泉州市	46	▲5
济宁市	47	▲15
株洲市	48	▲11
惠州市	49	▼6
扬州市	50	▼4
宜昌市	51	▲1
南昌市	52	▼4
中山市	53	▼6
乌鲁木齐	54	—
镇江市	55	▼11
泰州市	56	▼3
新乡市	57	▲18
洛阳市	58	▲2
邢台市	59	▲10
保定市	60	▼4
南宁市	61	▲3
绵阳市	62	▲5
衢州市	63	▲43
襄阳市	64	▼6
赣州市	65	▲1
滁州市	66	▲7
海口市	67	▼12
徐州市	68	▼5
德州市	69	▼1

表3-2(续3)

城市	CIEFI 7 排名	排名变化
江门市	70	▲4
泰安市	71	▲29
马鞍山市	72	▲15
临沂市	73	▲16
宜春市	74	▲10
沧州市	75	▲7
许昌市	76	▲7
蚌埠市	77	▲13
廊坊市	78	▲3
连云港市	79	▼14
盐城市	80	▼8
龙岩市	81	▲13
银川市	82	▼11
宣城市	83	▲8
滨州市	84	▲8
兰州市	85	▼6
漳州市	86	▼9
焦作市	87	▲16
岳阳市	88	▼10
贵阳市	89	▼39
南阳市	90	▲7
湘潭市	91	▲2
宿迁市	92	▼31
安庆市	93	▲2
遵义市	94	▼8
东营市	95	▲6
汕头市	96	▼26
常德市	97	▼12
聊城市	98	▲4
益阳市	99	▼3
桂林市	100	▲15

除北京、上海、深圳外，杭州、苏州力压广州，分别排第4名、第5名。根据 Wind 企业数据库统计的数据，截至2023年6月底，杭州、苏州拥有的国家高新技术企业数量分别达到了1.28万家和1.37万家，国家级"专精特新"① 企业数分别达到了207家和169家，相关指标均超过了广州同期。

➡ 3.2 排名领先城市增长势头更猛

随着持续三年的疫情结束，国内各城市"双创"金融服务有效度得分也进入由降转升的复苏阶段，特别是排名领先城市的得分增幅更明显。本期"双创"金融服务有效度排名百强榜整体得分均值较上期减少0.2分，但前50强城市的均值得分较上期增长0.18分，排名前20强城市整体均值得分增长则进一步提升至0.34分。具体见表3-3。

表3-3 第7期 CIEFI"双创"金融服务有效度排名百强得分变化

城市	CIEFI 7得分	得分变化
北京市	25.00	▲0.22
上海市	23.99	▲0.45
深圳市	23.19	▲0.59
杭州市	20.59	▲1.42
苏州市	20.28	▼0.43
广州市	20.09	▲0.08
天津市	20.04	▲1.30
成都市	20.03	▲0.51
宁波市	20.02	▼0.01
武汉市	19.44	▼0.64
重庆市	19.40	▲0.64
西安市	18.90	▲1.29

---

① 本期报告数据截至2023年6月底，第五批国家"专精特新""小巨人"企业信息暂未统计在内。

表3-3(续1)

城市	CIEFI 7 得分	得分变化
南京市	18.86	▼0.70
长沙市	18.79	▲0.12
青岛市	18.56	▲0.41
合肥市	18.55	▲1.00
无锡市	18.17	▼1.14
厦门市	18.14	▲0.52
东莞市	17.78	▲0.56
郑州市	17.62	▲0.55
济南市	17.48	▼0.04
福州市	17.28	▲0.06
常州市	17.28	▼0.93
嘉兴市	17.25	▲1.11
佛山市	17.14	▼0.79
绍兴市	16.99	▲1.14
南通市	16.84	▼0.41
温州市	16.83	▲1.36
台州市	16.69	▲0.34
烟台市	16.66	▲0.30
大连市	16.55	▲0.69
沈阳市	16.07	▲0.07
石家庄市	16.06	▼0.04
湖州市	15.98	▲1.38
哈尔滨市	15.79	▼0.00
金华市	15.70	▲0.97
昆明市	15.52	▼0.98
淄博市	15.37	▲0.41
芜湖市	15.29	▲0.21
潍坊市	15.14	▲0.11
珠海市	15.10	▼0.41
唐山市	14.99	▼0.13
太原市	14.89	▼1.24

表3-3(续2)

城市	CIEFI 7 得分	得分变化
长春市	14.83	▼0.35
威海市	14.43	▲0.29
泉州市	14.37	▼0.10
济宁市	14.21	▲0.45
株洲市	14.12	▲0.15
惠州市	14.11	▼0.68
扬州市	14.08	▼0.62
宜昌市	13.95	▼0.50
南昌市	13.94	▼0.69
中山市	13.86	▼0.77
乌鲁木齐	13.86	▼0.51
镇江市	13.65	▼1.12
泰州市	13.60	▼0.84
新乡市	13.58	▲0.64
洛阳市	13.46	▼0.48
邢台市	12.96	▼0.25
保定市	12.92	▼1.27
南宁市	12.89	▼0.61
绵阳市	12.84	▼0.50
衢州市	12.82	▲1.11
襄阳市	12.71	▼1.29
赣州市	12.71	▼0.68
滁州市	12.67	▼0.35
海口市	12.61	▼1.67
徐州市	12.57	▼1.02
德州市	12.47	▼0.84
江门市	12.43	▼0.57
泰安市	12.43	▲0.58
马鞍山市	12.34	▼0.06
临沂市	12.29	▲0.05
宜春市	12.23	▼0.26

表3-3(续3)

城市	CIEFI 7 得分	得分变化
沧州市	12.20	▼0.36
许昌市	12.18	▼0.35
蚌埠市	12.16	▼0.07
廊坊市	12.14	▼0.42
连云港市	12.08	▼1.32
盐城市	12.08	▼0.95
龙岩市	12.06	▲0.04
银川市	12.00	▼1.13
宣城市	11.97	▼0.22
滨州市	11.97	▼0.19
兰州市	11.90	▼0.78
漳州市	11.88	▼0.88
焦作市	11.85	▲0.12
岳阳市	11.82	▼0.87
贵阳市	11.81	▼2.78
南阳市	11.79	▼0.18
湘潭市	11.77	▼0.35
宿迁市	11.73	▼2.16
安庆市	11.70	▼0.31
遵义市	11.68	▼0.77
东营市	11.62	▼0.22
汕头市	11.61	▼1.52
常德市	11.55	▼0.93
聊城市	11.51	▼0.23
益阳市	11.46	▼0.52
桂林市	11.35	▲0.04

在本期"双创"金融服务有效度得分排名百强榜城市中,得分增长排名前十强的城市分别是杭州、湖州、温州、天津、西安、绍兴、嘉兴、衢州、合肥和金华。其中7个城市来自浙江,主要原因在于其上一年在科创企业培育、上市挂牌方面取得了较大成效。

→ 3.3 华东、华南地区继续扩大领先优势

从"双创"金融服务有效度排名百强城市分布来看,东部沿海地区整体发展领先优势进一步扩大。其中,排名百强榜中来自华东地区的城市有50个,较上期新增2个,占到百强城市的一半;华南地区上榜城市数量达到12个,较上期新增1个。与此相对应,本期华中地区和华北地区上榜城市数量分别较上期减少2个和1个,西南、西北和东北地区则保持不变。具体见表3-4。

表3-4 "双创"金融服务有效度排名百强城市所在地区分布

"双创"金融服务有效度	华东	华南	华中	华北	西南	西北	东北
百强城市数/个	50	12	15	9	6	4	4
百强城市数较上期变化/个	+2	+1	−2	−1	0	0	0
地区城市平均得分	13.06	8.77	10.25	9.34	5.95	5.31	6.97

分省份来看,上榜城市数量前二省份分别是山东、江苏,数量分别达到13个和12个;浙江和广东上榜城市数量并列第3名,均是9个城市,两省在整体实力上大幅领先于其他省份,本期上榜城市得分均值分别达到了16.98分和16.15分,大幅高于百强平均分值。值得注意的是,本期浙江的百强城市均值得分较上期增长0.98分,增幅是所有省份里最显著的。具体见表3-5。

表3-5 "双创"金融服务有效度排名百强城市所在省份分布比较

"双创"金融服务有效度	山东	江苏	浙江	广东	安徽	湖南
百强城市数/个	13	12	9	9	7	6
百强城市平均得分	14.16	15.10	16.98	16.15	13.53	13.25
百强城市平均得分增长	0.08	−0.97	0.98	−0.39	0.03	−0.40

➡ 3.4 前 20 强城市科创企业培育成效突出

近年来，各地多措并举支持中小微企业发展，引导中小微企业以专注铸专长、以配套强产业、以创新赢市场，涌现出众多"专精特新"企业、国家高新技术企业，为高质量发展注入强劲动能。Wind 企业数据库统计的结果显示，截至 2023 年 6 月底，全国现有国家高新技术企业总量将近 40 万家，国家级"专精特新"企业将近 1 万家。

科创企业资源主要集中在"双创"金融服务有效度水平高的头部城市。本期报告"双创"金融服务有效度排名前 20 强城市培育的国家高新技术企业数量达到 22 万家、国家级"专精特新"企业数量 4 520 家，分别占到同期全国的 56%和 48%，同期 337 个城市的国家高新技术企业数量和国家级"专精特新"企业数中位数分别仅为 231 家和 10 家。

在国家高新技术企业总量上，北京、上海、深圳领跑全国。截至 2023 年 6 月底，北京、深圳、上海拥有国家高新技术企业数量分别达到 2.8 万家、2.3 万家和 2.2 万家，是国内"唯三"的企业总量超过 2 万家的城市。苏州、杭州、武汉、广州、成都、天津紧随其后，是除北京、上海、深圳之外国家高新技术企业数量超过万家的 6 个城市。

以上统计具体见图 3-1。

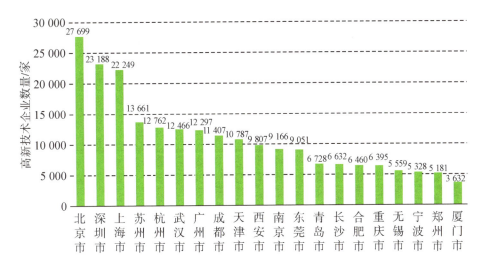

图 3-1 "双创"金融服务有效度排名前 20 强城市的国家高新技术企业数量

在国家级"专精特新"企业培育方面，北京、上海、深圳继续领跑。截至 2023 年 6 月底，工业和信息化部已分 4 批累计公示 9 279 家、认定 8 997 家"专精特新""小巨人"企业，其中北京、上海、深圳分别拥有 589 家、501 家和 442 家企业；"双创"金融服务有效度排名前 20 强城市拥有的"专精特新""小巨人"企业数量达到了 4 520 家，约占全国总量的一半。具体见图 3-2。

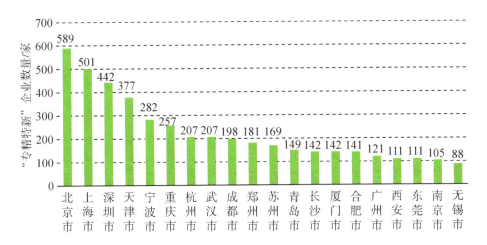

图 3-2 "双创"金融服务有效度排名前 20 强市的"专精特新"企业数量

值得一提的是，宁波和重庆在重点"专精特新""小巨人"企业培育方面表现突出。在工业和信息化部共三批重点支持的国家级"专精特新""小巨人"企业名单中，宁波和重庆分别有 71 家和 63 家企业入选，数量上分别排全国第 3 名和第 5 名。近年来，宁波和重庆充分发挥自身支柱产业优势，在"专精特新"企业的培育上摸索出一套特色经验，取得了突出成效。具体见图 3-3。

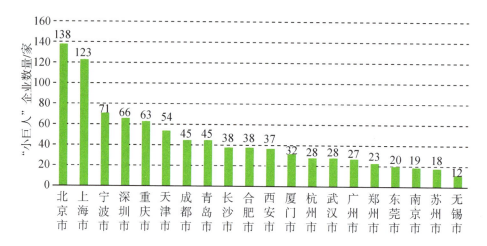

图 3-3 "双创"金融服务有效度排名前 20 强城市的重点"小巨人"企业数量

➡ 3.5 北京、上海、深圳境内上市公司均突破 400 家

国内上市公司主要集中在"双创"金融服务有效度表现较好的头部城市。2022 年，A 股市场共有上市公司 5 079 家，其中"双创"金融服务有效度排名前 20 强城市合计拥有 2 723 家上市公司，约占全国总量的 58%；年末上市公司总市值约 79 万亿元，其中排名前 20 强城市上市公司总市值约占全国总量的 2/3；全年 A 股市场新增上市公司 382 家，其中排名前 20 强城市新增上市公司合计 246 家，约占全国总量的 64%。

北京、上海、深圳在上市公司数量和规模方面遥遥领先于国内其他城市。2022 年，北京、上海、深圳分别拥有境内上市公司 458 家、417 家和 406 家，是国内"唯三"的 A 股上市公司数量突破 400 家的城市。尽管深圳境内上市公司总数少于上海，但在上市公司市值规模总量上要大于上海，2022 年末，深圳上市公司总市值达到 8.5 万亿元，上海同期为 7.2 万亿元。具体见图 3-4。

图 3-4　2022 年"双创"金融服务有效度排名前 20 强城市的 A 股上市公司数

除北京、上海、深圳外，杭州和苏州已成为国内上市公司发展培育第二梯队的领跑者。截至 2022 年底，杭州和苏州的境内上市公司总数分别达到 215 家和 197 家，大幅领先于广州、宁波等城市。

在"新三板"企业挂牌方面，近年来出现的"新三板"企业摘牌退市潮依旧存在。截至 2022 年底，"新三板"市场挂牌公司总数为 6 580 家，较上一年度减少了 352 家，各城市挂牌企业数量继续出现不同程度的减少。2022 年，本期报告"双创"金融服务有效度排名前 20 强城市累计拥有 3 742 家挂牌企业，占全国总量的 57%。

北京挂牌企业数量继续保持第一，遥遥领先于国内其他城市。截至 2022 年底，北京拥有"新三板"挂牌企业 844 家，约占全国总数的 13%，超过同期上海和深圳两地的总和。具体见图 3-5。

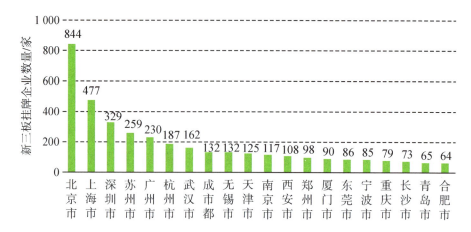

图 3-5 2022 年"双创"金融服务有效度排名前 20 强城市的新三板挂牌企业数

4 中国"双创"金融政策

支持度排名百强榜分析

中国"双创"金融政策支持度排名百强榜见表4-1。

表4-1 中国"双创"金融政策支持度排名百强榜

排名	城市	金融政策支持度分指数得分
1	北京市	23.67
2	深圳市	23.40
3	杭州市	22.65
4	广州市	22.17
5	重庆市	22.08
6	成都市	21.92
7	上海市	21.89
8	武汉市	21.89
9	西安市	21.01
10	天津市	20.95
11	苏州市	20.92
12	南京市	20.47
13	郑州市	20.44
14	长沙市	19.95
15	合肥市	19.83
16	青岛市	19.75
17	贵阳市	18.75
18	宁波市	18.64
19	济南市	18.61
20	昆明市	18.54
21	石家庄市	18.28
22	无锡市	18.16
23	南昌市	17.97
24	厦门市	17.89
25	福州市	17.81
26	长春市	17.72
27	南宁市	17.66
28	佛山市	17.34
29	东莞市	17.01
30	太原市	16.93
31	南通市	16.70
32	大连市	16.66

表4-1（续1）

排名	城市	金融政策支持度分指数得分
33	常州市	16.59
34	沈阳市	16.35
35	哈尔滨市	16.33
36	烟台市	16.10
37	温州市	16.01
38	泉州市	15.74
39	徐州市	15.67
40	兰州市	15.58
41	珠海市	15.47
42	嘉兴市	15.44
43	赣州市	15.29
44	临沂市	15.24
45	潍坊市	15.20
46	盐城市	15.18
47	扬州市	15.15
48	保定市	14.89
49	淄博市	14.85
50	乌鲁木齐市	14.61
51	台州市	14.45
52	绵阳市	14.36
53	绍兴市	14.17
54	海口市	14.00
55	中山市	13.91
56	金华市	13.83
57	济宁市	13.59
58	威海市	13.18
59	洛阳市	13.11
60	银川市	13.07
61	日照市	12.95
62	泰州市	12.86
63	湖州市	12.65
64	镇江市	12.65
65	西宁市	12.30
66	惠州市	12.29

表4-1(续2)

排名	城市	金融政策支持度分指数得分
67	连云港市	11.99
68	宿迁市	11.97
69	宜昌市	11.88
70	漳州市	11.85
71	湘潭市	11.70
72	襄阳市	11.69
73	株洲市	11.67
74	呼和浩特市	11.62
75	滨州市	11.61
76	淮安市	11.61
77	廊坊市	11.51
78	东营市	11.47
79	江门市	11.40
80	丽水市	11.39
81	达州市	11.29
82	岳阳市	11.25
83	德州市	11.24
84	宜宾市	11.22
85	九江市	11.19
86	泸州市	11.14
87	吉安市	11.04
88	衢州市	11.03
89	遂宁市	11.01
90	泰安市	10.94
91	德阳市	10.82
92	眉山市	10.80
93	常德市	10.79
94	莆田市	10.55
95	新乡市	10.55
96	菏泽市	10.54
97	芜湖市	10.30
98	肇庆市	10.28
99	宜春市	10.01
100	揭阳市	10.00

"双创"金融政策支持度主要衡量各地方在支持创新创业活动方面政府性资源的投入支持水平，包括但不限于制定发布顶层设计、财政资金补贴、贴息贴保、建立风险分担机制等引导支持内容。本报告主要从政策关注度、政策覆盖面、政府引导基金、融资担保、"双创"平台支持等方面开展相关评价。

→ 4.1 北京、深圳、杭州"双创"金融政策支持度排名保持前三位

2023 年度"双创"金融政策支持度排名百强榜得分排名前十强的城市分别是北京、深圳、杭州、广州、重庆、成都、上海、武汉、西安和天津。在排名百强榜中，宿迁、丽水、达州、德州、宜宾、吉安、遂宁、泰安、眉山、菏泽和肇庆为本期榜单新晋成员。

本期"双创"金融政策支持度排名上升幅度前三的是吉安、达州和泰安，分别上升 68 位、56 位和 51 位；排名下滑幅度前三的是新乡、九江和岳阳，分别下滑 26 位、21 位和 19 位。具体见表 4-2。

表 4-2　第 7 期 CIEFI "双创"金融政策支持度百强排名变化情况

城市	CIEFI 7 排名	排名变化
北京市	1	—
深圳市	2	—
杭州市	3	—
广州市	4	▲2
重庆市	5	▲3
成都市	6	▼2
上海市	7	▼2
武汉市	8	▼1
西安市	9	▲7

表4-2(续1)

城市	CIEFI 7 排名	排名变化
天津市	10	▼1
苏州市	11	▼1
南京市	12	—
郑州市	13	▼2
长沙市	14	—
合肥市	15	—
青岛市	16	▼3
贵阳市	17	▲4
宁波市	18	—
济南市	19	▼2
昆明市	20	▼1
石家庄市	21	▼1
无锡市	22	▲2
南昌市	23	▼1
厦门市	24	▲3
福州市	25	▼2
长春市	26	▼1
南宁市	27	▲1
佛山市	28	▲1
东莞市	29	▲1
太原市	30	▲4
南通市	31	▲5
大连市	32	▼6
常州市	33	▼2
沈阳市	34	▼1
哈尔滨市	35	—
烟台市	36	▲26
温州市	37	▼5
泉州市	38	▲1
徐州市	39	▲2

表4-2(续2)

城市	CIEFI 7 排名	排名变化
兰州市	40	▼3
珠海市	41	▼1
嘉兴市	42	▼4
赣州市	43	▼1
临沂市	44	▲13
潍坊市	45	▲5
盐城市	46	▲9
扬州市	47	▲2
保定市	48	▲4
淄博市	49	▲5
乌鲁木齐	50	▼3
台州市	51	▼7
绵阳市	52	▲15
绍兴市	53	▼10
海口市	54	▼9
中山市	55	▼7
金华市	56	▼10
济宁市	57	▲11
威海市	58	▲1
洛阳市	59	▼8
银川市	60	▲12
日照市	61	▲4
泰州市	62	▲11
湖州市	63	▲7
镇江市	64	▼3
西宁市	65	▼12
惠州市	66	▼10
连云港市	67	▲19
宿迁市	68	▲34
宜昌市	69	▲2

表4-2(续3)

城市	CIEFI 7 排名	排名变化
漳州市	70	▲6
湘潭市	71	▼5
襄阳市	72	▲2
株洲市	73	▼13
呼和浩特市	74	▼16
滨州市	75	▲19
淮安市	76	▲5
廊坊市	77	▲13
东营市	78	▲18
江门市	79	▲12
丽水市	80	▲23
达州市	81	▲56
岳阳市	82	▼19
德州市	83	▲38
宜宾市	84	▲26
九江市	85	▼21
泸州市	86	▲7
吉安市	87	▲68
衢州市	88	▼13
遂宁市	89	▲44
泰安市	90	▲51
德阳市	91	▲1
眉山市	92	▲43
常德市	93	▼14
莆田市	94	▼16
新乡市	95	▼26
菏泽市	96	▲38
芜湖市	97	▼15
肇庆市	98	▲50
宜春市	99	▼16
揭阳市	100	▼13

4.2 各地继续加大"双创"金融政策支持力度

本期报告在 CIEFI 指标体系中选取了两组具有代表性的指标，分别用来衡量城市在"双创"事业方面已经形成的活跃度和政策支持度。其中，"双创"活跃度主要指标包括当年新设市场主体数、新增商标注册件数、新增发明专利申请量及 SCI 论文发表数等指标，金融政策支持力度则主要包括政策出台数量、资金保障力度以及平台支持强度等指标。应用"双创"金融指数排名百强城市的特征数据，可以发现创新创业活跃度与"双创"金融政策支持力度高度相关，本期两者的相关系数达到了 0.864。具体见图 4-1。

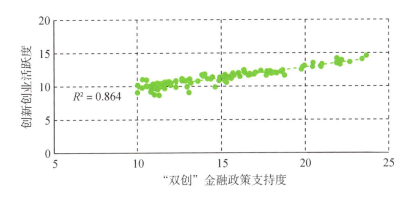

图 4-1 排名百强城市"双创"活跃度与金融政策支持度相关性分析

实际上，为了应对疫情对全社会经济发展带来的持续影响，在过去一年里，各地通过加大政府引导基金以及创新创业载体等方面的投入，进一步强化引导金融对创新创业的资源支持。

在本期"双创"金融政策支持度排名百强榜城市中，有 64 个城市得分实现正增长，表明多数城市继续加大"双创"金融政策支持力度。在本期排名入选百强的城市中，分指数得分增长排名前十强的城市分别是烟台、吉安、达州、泰安、遂宁、绵阳、眉山、德州、临沂和宿迁。具体见表 4-3。

表4-3　第7期CIEFI"双创"金融政策支持度排名百强得分变化

城市	CIEFI 7 得分	金融政策支持度分指数得分
北京市	23.67	▼0.07
深圳市	23.40	▲0.55
杭州市	22.65	▲0.26
广州市	22.17	▲0.41
重庆市	22.08	▲0.55
成都市	21.92	▼0.26
上海市	21.89	▼0.23
武汉市	21.89	▲0.19
西安市	21.01	▲1.56
天津市	20.95	▼0.05
苏州市	20.92	▲0.09
南京市	20.47	▲0.40
郑州市	20.44	▲0.32
长沙市	19.95	▲0.03
合肥市	19.83	▲0.02
青岛市	19.75	▼0.31
贵阳市	18.75	▲0.31
宁波市	18.64	▼0.01
济南市	18.61	▼0.36
昆明市	18.54	▼0.03
石家庄市	18.28	▼0.26
无锡市	18.16	▲0.09
南昌市	17.97	▼0.42
厦门市	17.89	▲0.08
福州市	17.81	▼0.27
长春市	17.72	▼0.16
南宁市	17.66	▲0.18
佛山市	17.34	▲0.06
东莞市	17.01	▼0.18
太原市	16.93	▲0.29
南通市	16.70	▲0.30

表4-3(续1)

城市	CIEFI 7 得分	金融政策支持度分指数得分
大连市	16.66	▼1.15
常州市	16.59	▼0.47
沈阳市	16.35	▼0.34
哈尔滨市	16.33	▼0.24
烟台市	16.10	▲4.47
温州市	16.01	▼0.85
泉州市	15.74	▲0.07
徐州市	15.67	▲0.08
兰州市	15.58	▼0.60
珠海市	15.47	▼0.18
嘉兴市	15.44	▼0.64
赣州市	15.29	▼0.07
临沂市	15.24	▲2.88
潍坊市	15.20	▲1.38
盐城市	15.18	▲2.55
扬州市	15.15	▲1.25
保定市	14.89	▲1.95
淄博市	14.85	▲2.17
乌鲁木齐	14.61	▲0.21
台州市	14.45	▼0.56
绵阳市	14.36	▲3.03
绍兴市	14.17	▼0.97
海口市	14.00	▼0.79
中山市	13.91	▼0.32
金华市	13.83	▼0.88
济宁市	13.59	▲2.55
威海市	13.18	▲1.44
洛阳市	13.11	▼0.58
银川市	13.07	▲2.36
日照市	12.95	▲1.49
泰州市	12.86	▲2.16
湖州市	12.65	▲1.82

表4-3(续2)

城市	CIEFI 7 得分	金融政策支持度分指数得分
镇江市	12.65	▲0.99
西宁市	12.30	▼0.64
惠州市	12.29	▼0.20
连云港市	11.99	▲2.00
宿迁市	11.97	▲2.85
宜昌市	11.88	▲1.08
漳州市	11.85	▲1.46
湘潭市	11.70	▲0.35
襄阳市	11.69	▲1.11
株洲市	11.67	▼0.06
呼和浩特	11.62	▼0.31
滨州市	11.61	▲2.15
淮安市	11.61	▲1.34
廊坊市	11.51	▲1.80
东营市	11.47	▲2.09
江门市	11.40	▲1.79
丽水市	11.39	▲2.34
达州市	11.29	▲3.54
岳阳市	11.25	▼0.36
德州市	11.24	▲3.02
宜宾市	11.22	▲2.54
九江市	11.19	▼0.38
泸州市	11.14	▲1.63
吉安市	11.04	▲3.78
衢州市	11.03	▲0.53
遂宁市	11.01	▲3.10
泰安市	10.94	▲3.22
德阳市	10.82	▲1.26
眉山市	10.80	▲3.03
常德市	10.79	▲0.49
莆田市	10.55	▲0.18
新乡市	10.55	▼0.32

表4-3(续3)

城市	CIEFI 7 得分	金融政策支持度分指数得分
菏泽市	10.54	▲2.65
芜湖市	10.30	▲0.05
肇庆市	10.28	▲2.81
宜春市	10.01	▼0.03
揭阳市	10.00	▲0.06

从"双创"金融政策支持度排名百强城市分布来看,华东地区整体支持力度显著高于其他地区。排名百强榜中来自华东地区的城市有50个,占到排名百强榜单的一半。本期西南地区新增4个城市进入百强,总数达到了11个,与华中地区总数相同,仅次于华东和华南地区;地区平均得分较上期增长1.15分,增速在所有地区中最快。不过,西南地区整体平均水平仍然低于全国平均分值,地区城市平均得分为6.83分,分值低于全国平均分值17%左右。相对来说,西北地区和东北地区整体表现欠佳,地区在"双创"金融政策支持度分指数得分方面均大幅低于全国平均水平。具体见表4-4。

表4-4 "双创"金融政策支持度排名百强城市所在地区分布

"双创"金融政策支持度	华东	华南	华中	华北	西南	西北	东北	全国
百强城市数/个	50	12	11	7	11	5	4	100
百强城市数较上期变化/个	+2	0	-1	-3	+4	-1	-1	—
地区城市平均得分	12.27	8.55	8.96	8.21	6.83	4.94	4.76	8.26
平均得分变化	0.61	0.50	0.38	-0.06	1.15	0.82	-0.70	0.47

分省份来看,山东对"双创"金融支持政策的整体普及度相对最高,本期全省进入排名百强榜的城市数量达到14个,数量为全国第一。江苏、广东和浙江"双创"金融政策支持力度最大,三省上榜城市得分均值均超过了15分,远远高于其他省份城市。四川则是金融政策支持力度提升最显著的

地区,本期8个进入百强榜的城市得分均值均增长了2.23分。具体见表4-5。

表4-5 "双创"金融政策支持度排名百强城市所在省份分布

"双创"金融政策支持度	山东	江苏	广东	浙江	四川	福建
百强城市数/个	14	13	10	10	8	5
百强城市平均得分	13.95	15.38	15.33	15.03	12.82	14.77
百强城市平均得分变化	2.06	1.05	0.48	0.10	2.23	0.30

➡ 4.3 各地对"双创"相关金融支持政策内容关注度有所下降

受2022年疫情等内外部因素影响,过去一年国内城市对"双创"相关金融支持政策内容关注度有所下降。根据百度关键词热搜指数的统计结果,2023年度各地对创新创业金融支持政策的关注度较上个年度同期平均降幅在10%左右。

截至2023年6月底,年度"双创"金融支持政策的内容搜索关注度最高的前十名城市分别是北京、上海、成都、杭州、广州、重庆、武汉、深圳、济南和南京。具体见图4-2。

图4-2 "双创"金融政策关键词搜索热度指数前十名城市

成都力压杭州、广州、深圳等国内"双创"热门城市,"双创"相关关注度仅次于北京、上海。在过去一年里,成都的"双创"相关关键词搜索热度平均值尽管有所下降,但依然维持在 100 以上水平,是国内 3 个年均搜索热度维持在 100 以上的城市之一,表明成都全社会对"双创"事业发展持续倾注了极大的关注和热情。

→ 4.4 深圳、成都"双创"金融支持政策内容最多

按照当前金融支持"双创"活动的形式和特点,我们将"双创"金融服务分成九大类,涵盖了信贷、股权、债券、保险、担保等金融类别。通过利用关键词检索、网络爬虫等数据挖掘技术,我们将全国 337 个城市有关金融支持创新创业的政策文本做了关键词搜索和分类统计①,根据最终政策文本关键词检索条目数量反映该城市在引导金融支持"双创"活动方面的政策重视程度和实际支持水平。

从整体上看,出台"双创"金融支持政策的城市数量和内容都呈现提升态势。根据查策网构建的科技产业政策大数据平台检索结果,截至 2023 年 6 月底,在 337 个城市中,有 105 个城市无法在公开渠道检索到有关"双创"金融服务支持政策的信息,较上年度减少 15 个城市;119 个城市有关"双创"金融服务支持政策的检索条目在两位数内,较上年度减少 11 个城市;剩下 112 个城市至少有三位数以上相关政策检索条目,较上期增加了 25 个城市。

特定"双创"金融服务支持政策检索条目最多的前十名城市分别是深圳、成都、上海、重庆、广州、温州、杭州、东莞、西安和佛山。其中,

---

① 利用网络爬虫技术,我们对各城市的地方政府官方网站进行了定向检索和内容抓取。其中,针对每一特定类别的"双创"金融服务的关键词检索,我们尽可能全面归纳总结了该类别下可能潜在关联的特定词汇。

深圳的相关政策检索条目超过 6 000 条,成都有效政策检索条目超过 5 000 条,两者检索数量遥遥领先于国内其他城市。从实际公开的政策内容来分析,深圳和成都在引导和鼓励金融支持创新创业方面均构建了一系列政策支持体系,两者在私募股权投资机构、融资担保机构、创新型金融机构、间接融资服务、"双创"金融服务平台等领域均提供了政策支持,整体上在全国保持最高水平。具体见图 4-3。

图 4-3 "双创"金融支持政策内容关键词检索条目数量前十名城市

➡ 4.5 城市行政能级越高创新载体支持水平越高

科技部火炬高技术产业开发中心公布的数据显示,截至 2023 年 6 月底,全国认定的国家级创新创业平台有 4 075 家,包括 2 430 家国家级众创空间、1 645 家国家级科技企业孵化器。国家级创新创业载体总量最多的前十名城市依次是北京、苏州、深圳、杭州、天津、上海、南京、广州、武汉和西安。前十名城市恰好也是当前国内拥有国家级创新创业载体数超过 100 家的 10 个城市。其中,北京的国家级创新创业载体总数最多达到 218 家,占到全国总量的 6%;深圳和苏州紧随其后,均拥有 160 家。

从创新创业支持载体平台分布来看,城市行政能级高的城市所具备的资源明显有利于能级低的城市。在载体总数排名前 20 强城市中,除苏州外的城市行政级别均是省会、计划单列市或直辖市级别,其行政地位显著高于一般地级市。值得注意的是,西部仅成都和重庆两市进入全国数量排名前 20 强,两者国家级创新载体数量分别为 72 家和 96 家。其中,成都在创新创业支持平台的载体建设方面已形成特色亮点,其打造的全国首个金融科技"双创"孵化载体——交子金融梦工场已成为全球规模最大的专注于金融科技领域的高品质科创空间。具体见图 4-4。

图 4-4 国家级创新创业载体数量前十名城市

5 中国"双创"金融环境
承载度排名百强榜分析

中国"双创"金融环境承载度排名百强榜见表 5-1。

表 5-1 中国"双创"金融环境承载度排名百强榜

排名	城市	金融环境承载度分指数得分
1	杭州市	22.91
2	成都市	22.67
3	武汉市	22.37
4	长沙市	22.19
5	西安市	22.17
6	南京市	22.06
7	合肥市	21.85
8	苏州市	21.80
9	郑州市	21.60
10	重庆市	21.58
11	北京市	21.34
12	青岛市	21.20
13	深圳市	21.01
14	宁波市	20.98
15	济南市	20.69
16	昆明市	20.59
17	上海市	20.34
18	南昌市	20.18
19	广州市	20.13
20	大连市	20.11
21	福州市	20.11
22	温州市	19.86
23	沈阳市	19.84
24	贵阳市	19.79
25	厦门市	19.76
26	无锡市	19.58
27	南宁市	19.54
28	泉州市	19.53
29	石家庄市	19.53
30	太原市	19.39
31	潍坊市	19.36
32	南通市	19.13

表5-1（续1）

排名	城市	金融环境承载度分指数得分
33	常州市	19.00
34	嘉兴市	18.86
35	台州市	18.64
36	天津市	18.58
37	海口市	18.55
38	芜湖市	18.53
39	金华市	18.50
40	珠海市	18.49
41	长春市	18.49
42	哈尔滨市	18.42
43	徐州市	18.32
44	绍兴市	18.32
45	兰州市	18.23
46	洛阳市	18.12
47	扬州市	18.12
48	佛山市	18.06
49	唐山市	17.97
50	绵阳市	17.91
51	滁州市	17.65
52	镇江市	17.63
53	赣州市	17.50
54	东莞市	17.46
55	宜昌市	17.46
56	烟台市	17.42
57	汕头市	17.27
58	湖州市	17.24
59	桂林市	17.23
60	沧州市	17.15
61	南阳市	17.14
62	临沂市	17.09
63	襄阳市	17.03
64	遵义市	16.98
65	湛江市	16.98
66	呼和浩特市	16.97

表5-1(续2)

排名	城市	金融环境承载度分指数得分
67	淄博市	16.95
68	新乡市	16.93
69	曲靖市	16.83
70	柳州市	16.80
71	茂名市	16.75
72	马鞍山市	16.73
73	漳州市	16.69
74	威海市	16.68
75	商丘市	16.67
76	盐城市	16.67
77	中山市	16.64
78	惠州市	16.64
79	连云港市	16.61
80	乌鲁木齐市	16.60
81	保定市	16.59
82	泰州市	16.59
83	东营市	16.57
84	九江市	16.52
85	包头市	16.47
86	淮安市	16.39
87	鄂尔多斯市	16.37
88	宜宾市	16.28
89	宁德市	16.28
90	宜春市	16.27
91	荆州市	16.26
92	株洲市	16.22
93	焦作市	16.19
94	济宁市	16.17
95	江门市	16.02
96	十堰市	16.00
97	邯郸市	16.00
98	湘潭市	15.92
99	许昌市	15.92
100	安阳市	15.90

"双创"金融环境承载度分指数主要衡量一个城市或地区的创新创业环境以及相关配套的经济与社会环境对"双创"金融整体发展的友好情况,专门评价"双创"金融市场需求和相关发展环境。在通常情况下,一个城市或地区的新经济发展越快、体量越大,创新创业主体越多、市场活跃度越高,对"双创"金融服务支持尤其是科技创新投融资的需求就越大,"双创"金融发展空间和市场潜力就越大。

➡ 5.1 杭州、成都首次跻身分指数得分排名前二行列

本期"双创"金融环境承载度分指数得分排名格局发生重大变化,排名前十的城市依次是杭州、成都、武汉、长沙、西安、南京、合肥、苏州、郑州和重庆。

在本期排名百强榜城市中,新晋城市为宜昌、南阳、曲靖、马鞍山、商丘、九江、鄂尔多斯、宜宾、宜春、荆州、株洲、十堰、湘潭、许昌和安阳15个城市。

2023年初我国取得疫情防控重大决定性胜利,疫情对各地"双创"金融环境造成的影响正在消退。

在本期337个城市中有225个城市"双创"金融环境承载度分指数得分实现正增长,正增长城市数量较上期增加了172个。

在本期排名百强榜中得分增长最快的前十强城市依次是曲靖、宜昌、大连、滁州、商丘、十堰、西安、珠海、南阳和石家庄。

本期前十强城市中有4个是新晋城市,分别是西安,由上期第15名升至本期第5名;合肥,由上期第14名升至本期第7名;郑州,由上期第12名升至本期第9名;重庆,由上期第17名升至本期第10名。与此同时,本期杭州、成都超过上期该分指数得分排名前四强的四大一线城市,首次排名前两位。

值得一提的是，在西部整体表现欠佳的背景下，成都、重庆双双跻身前十强行列。成都、重庆近年来凭借对创新创业营商环境的持续改善成效，成为少数几个具备与东部沿海地区同台竞技能力的西部代表城市之一。本期成都、重庆在创新创业活跃度以及经济与社会环境承载度等方面继续保持亮眼表现，进一步巩固其作为西部创新创业两个核心带动引擎的地位。具体见表5-2。

表5-2 第7期 CIEFI "双创"金融环境承载度排名百强得分与排名变化情况

城市	得分变化	排名变化
杭州市	▲1.01	▲6
成都市	▲0.43	▲4
武汉市	▲0.10	▲2
长沙市	▲1.11	▲6
西安市	▲1.69	▲10
南京市	▲0.77	▲3
合肥市	▲1.26	▲7
苏州市	▲0.46	—
郑州市	▲0.77	▲3
重庆市	▲1.41	▲7
北京市	▼0.94	▼7
青岛市	▲0.25	▼1
深圳市	▼1.42	▼10
宁波市	▲0.65	▲2
济南市	▲0.09	▼2
昆明市	▲1.06	▲8
上海市	▼2.47	▼16
南昌市	▲0.61	▲5
广州市	▼2.36	▼17
大连市	▲1.88	▲20
福州市	▲0.01	▼2
温州市	▲0.20	—
沈阳市	▼0.28	▼5
贵阳市	▲0.91	▲8
厦门市	▲0.36	▲1

表5-2（续1）

城市	得分变化	排名变化
无锡市	▲0.06	▼1
南宁市	▲0.66	▲6
泉州市	▲0.37	▲1
石家庄市	▲1.46	▲14
太原市	▲0.69	▲4
潍坊市	▲0.92	▲7
南通市	▲0.48	▲3
常州市	▼0.03	▼2
嘉兴市	▲0.21	▲2
台州市	▲0.16	▲2
天津市	▼0.48	▼6
海口市	▲0.94	▲11
芜湖市	▲0.76	▲7
金华市	▼0.74	▼11
珠海市	▲1.54	▲26
长春市	▼0.80	▼14
哈尔滨市	▲0.97	▲11
徐州市	▲0.22	▼1
绍兴市	▼0.07	▼5
兰州市	▲0.79	▲9
洛阳市	▲0.51	▲3
扬州市	▲0.10	▼3
佛山市	▼1.99	▼28
唐山市	▲1.33	▲25
绵阳市	▲0.37	—
滁州市	▲1.82	▲45
镇江市	▼0.04	▼6
赣州市	▼0.12	▼6
东莞市	▼2.55	▼33
宜昌市	▲2.01	▲62
烟台市	▼0.00	▼1
汕头市	▲0.20	▲6

表5-2(续2)

城市	得分变化	排名变化
湖州市	▼0.10	—
桂林市	▲0.70	▲17
沧州市	▲0.66	▲17
南阳市	▲1.54	▲48
临沂市	▼1.11	▼21
襄阳市	▲0.42	▲12
遵义市	▲0.55	▲16
湛江市	▼0.09	▼3
呼和浩特	▼0.32	▼6
淄博市	▲0.06	—
新乡市	▲0.80	▲18
曲靖市	▲2.46	▲92
柳州市	▲0.74	▲19
茂名市	▲0.30	▲8
马鞍山市	▲1.40	▲51
漳州市	▼0.12	▼5
威海市	▲0.38	▲8
商丘市	▲1.75	▲62
盐城市	▼0.80	▼24
中山市	▼0.71	▼20
惠州市	▼0.86	▼27
连云港市	▼0.11	▼9
乌鲁木齐	▼0.44	▼15
保定市	▼0.08	▼9
泰州市	▼0.47	▼18
东营市	▲0.75	▲15
九江市	▲1.18	▲37
包头市	▲0.58	▲9
淮安市	▼0.99	▼30
鄂尔多斯	▲1.37	▲47
宜宾市	▲0.54	▲13
宁德市	▲0.40	▲6

表5-2(续3)

城市	得分变化	排名变化
宜春市	▲0.81	▲26
荆州市	▲1.36	▲48
株洲市	▲0.59	▲15
焦作市	▲0.02	▼10
济宁市	▼0.53	▼23
江门市	▼1.07	▼34
十堰市	▲1.73	▲71
邯郸市	▲0.07	▼4
湘潭市	▲0.55	▲21
许昌市	▲0.22	▲4
安阳市	▲1.04	▲41

➡ 5.2 "双创"金融环境承载度"东强西弱"格局发生改变

过去几期"双创"金融环境承载度评价呈现的"东强西弱"区域特征正在发生重大改变。在本期"双创"金融环境承载度排名百强榜中,东部的华东、华南等地区的入选城市数量均出现了较大幅度减少,分别较上期减少了15个和7个;与此相对应,西南、西北地区入选排名百强榜城市数量分别较上期增加了9个和7个,分别达到了15个和12个,首次超过华南、华中地区。具体见表5-3。

表5-3 "双创"金融环境承载度排名百强榜城市地区分布

指标	华东	华南	华中	华北	西南	西北	东北
百强城市数/个	34	9	7	6	15	12	17
百强城市数较上期变化/个	−15	−7	−1	−6	+9	+7	+13
地区城市平均得分	16.88	15.36	15.67	14.99	13.61	12.46	13.23
平均得分变化	0.01	0.04	0.61	0.39	0.44	0.37	0.11

从分地区平均得分来看,东、西部"双创"金融环境承载度得分差距仍较明显。本期华东、华中、华南三个地区平均得分均超过了15分,较西南、西北地区平均得分高出了2~4分。具体见图5-1。

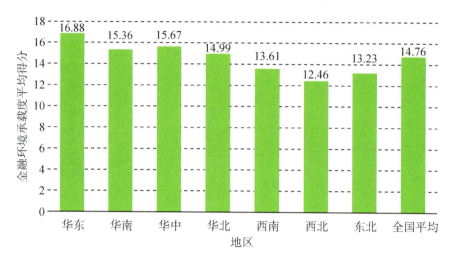

图5-1 分地区"双创"金融环境承载度平均得分比较

与上期相比,东、西部之间的得分差距有所缩小。本期西南、西北地区的分指数平均得分较上期分别增长了0.44分和0.37分,增幅均显著高于同期华东和华南地区城市的整体表现。

➡ 5.3 头部城市创业活跃度较上期有不同程度下降

在本期"双创"金融环境承载度得分排名百强城市中,全年创业活动继续保持较高活跃度,主要集中在省会城市。2022年全年新设市场主体数增长排名前十强城市分别是海口、成都、重庆、深圳、西安、广州、上海、郑州、潍坊和武汉。其中,海口得益于海南自由贸易港政策,2022年全年新设市场主体数暴增170%,达到78.1万家,成为当年国内唯一新设注册总量超过70万家的城市。值得注意的是,成都和重庆则连续两年保持超过50万家的注册规模,连续多年超过深圳、上海、北京等一线城市,本期分别排全国第2名和第3名。具体见图5-2。

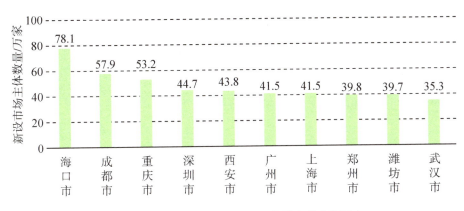

图 5-2　2022 年新设市场主体数量排名前十强城市

从新增商标注册数量来看，2022 年各地商业活跃度较上年度有所降低。四大一线城市保持强势增长。2022 年，四大一线城市新增商标注册件数基本由上年度 40 万量级下降至当年 30 万量级，深圳、上海和广州降幅均达到 20%以上。除四大一线城市外，杭州、成都和重庆是本年度"唯三"的新增注册量达到 10 万量级的城市，但三者 2022 年注册量较上年度缩减也十分明显。

值得一提的是，泉州、苏州再次作为非省会或计划单列市城市跻身全国前十强行列，再一次凸显了民营经济、外向型经济对提升创业活跃度的支持作用。具体见图 5-3。

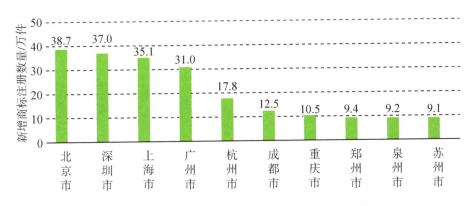

图 5-3　2022 年新增商标注册件数排名前十强城市

➡ 5.4 全国各地创新活跃度大幅回升

2022年，全国发明专利授权量达到79.8万件，同比增长14.7%。北京、深圳、上海、杭州、南京、广州、武汉、苏州、成都和西安是2022年国内新增专利授权量排名前十强城市。

在四大一线城市中，北京作为全国科技和教育中心，无论是基础创新研究还是创新成果转化应用，均稳居全国首位。2022年，北京全年新增发明专利授权量和SCI论文发表数分别达到8.95万件和22.49万篇，分别占到当年全国总量的1/9和1/7，遥遥领先于国内其他城市。上海和广州表现同样不错，新增发明专利授权量分别为3.74万件和2.69万件，排全国第3名和第6名，SCI论文发表数分别为10.7万篇和7.09万篇，排全国第2名和第4名。深圳作为新兴城市，缺乏大院大所，技术创新主要以市场化企业为主，新增发明专利授权量高达5.22万件，排全国第2名，但代表基础创新研究的SCI论文发表数4.31万篇，与其他三个一线城市还有较大差距。

2022年，全国主要城市基础创新研究成果迎来爆发式复苏增长。在SCI论文发表数排名前十强的城市中，广州、武汉、成都等城市全年论文发表量较上年度实现了几十倍乃至上百倍的增长。究其原因，高校、科研院所在本轮疫情结束末期，受疫情封控带来的不利影响相对较实体企业要小，基础创新研究工作率先于市场企业开始了复苏。

值得注意的是，SCI论文发表数排名前十强的城市均是省会城市、计划单列市或以上级别城市，且除深圳外均为国内具有长期发展历史的老牌经济强市。究其原因，老牌经济强市不仅行政能级较高，且在经济、科教、文化、交通等领域长期集聚积累资源，集中了很多高等院校和科研机构。相对来说，深圳等新兴经济强市在基础创新方面的资源积累尚需时日。

具体参见图 5-4 和图 5-5。

图 5-4 2022 年新增发明专利授权量排名前十强城市

图 5-5 2022 年 SCI 论文发表量排名前十强城市

➡ 5.5 人口变化成为影响"双创"发展的首要因素

持续的人口净流入将为城市"双创"及"双创"金融发展提供强有力的人力资本保障。2022 年，全国常住人口净流入排名前十强城市分别是长沙、杭州、合肥、西安、贵阳、南昌、昆明、武汉、郑州和青岛。其中，长沙、杭州、合肥全年常住人口净流入均超过了 16 万人，西安、贵阳和南昌则保持 10 万人净流入规模。具体见图 5-6。

图 5-6　2022 年常住人口净流入排名前十强城市

各地人口流动继续朝着特大城市、中心城市、省会城市等地区流入，但规模有所缩小。2022 年，全国 17 个常住人口超千万的城市中，全年常住人口合计净流入 40.3 万人，较上年同期减少了 239.5 万人；7 个城市常住人口出现了净流出，四大一线城市均出现了负增长情况，深圳、广州更是由此前常住人口持续净流入首度转变为净流出状态。具体见图 5-7。

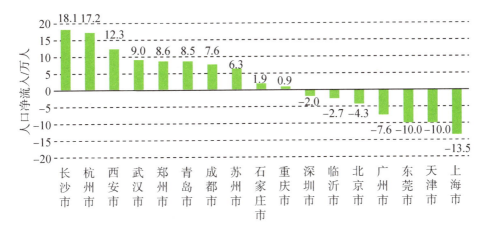

图 5-7 2022 年常住人口超千万城市的人口流动变化情况

6 华北地区"双创"
金融发展比较分析

按照行政区划分类，华北地区包括北京市、天津市、河北省、山西省以及内蒙古自治区。本报告研究评价样本涵盖华北地区 36 个地级及以上级别城市。

➡ 6.1 十城跻身全国综合排名百强榜，内蒙古城市排名下滑

本期进入"双创"金融发展综合指数得分排名百强榜的华北城市分别为北京、天津、石家庄、太原、保定、唐山、呼和浩特、廊坊、沧州和邢台 10 个城市。其中，邢台上升 3 位，进入前 100 强，本期排第 100 名。具体见表 6-1。

表 6-1 华北地区 CIEFI 7 综合排名榜前 20 强得分与排名变化情况

城市	本期综合得分	本期国内排名	得分变化	排名变化
北京市	94.36	1	▼0.31	—
天津市	78.69	14	▲0.84	▼1
石家庄市	69.83	23	▲1.95	▲5
太原市	66.41	32	▼0.60	—
保定市	56.56	59	▲2.44	▲2
唐山市	56.05	63	▲2.53	▲3
呼和浩特市	50.97	73	▼3.53	▼13
廊坊市	48.44	91	▼0.63	▼12
沧州市	48.06	93	▲1.01	▼2
邢台市	46.51	100	▲1.51	▲3
包头市	45.00	112	▼2.92	▼25
晋中市	41.75	129	▼0.60	▼5
秦皇岛市	41.53	130	▼0.32	▼1
邯郸市	41.50	132	▼1.47	▼12
张家口市	41.49	133	▼0.60	▼7
长治市	40.74	139	▼0.44	▼4

表6-1(续)

城市	本期综合得分	本期国内排名	得分变化	排名变化
运城市	39.98	151	▼0.30	▼6
大同市	38.91	162	▼1.51	▼18
临汾市	38.49	167	▼0.85	▼8
鄂尔多斯市	37.88	170	▼1.95	▼21

在本期"双创"金融发展综合指数中,华北地区城市得分大多出现下滑,36个城市中有27个得分出现下滑,在地区排名前20强城市中,仅6个城市得分实现正增长,其余14个城市得分出现不同程度下滑。其中,乌海、唐山、保定、石家庄、邢台得分增长最显著,而朔州、包头、赤峰、呼和浩特、晋城分值降幅最明显;包头下滑25位,跌出前100强,本期排第112名。

综合来看,京津"双创"金融发展综合水平处于华北地区第一梯队,石家庄、太原则处于第二梯队,保定、唐山处于第三梯队头部位置,但与第二梯队有较大发展差距。京津冀城市群成员城市整体表现较好,北京、天津、石家庄连续多期包揽"双创"金融发展综合指数得分华北地区前三名,华北地区排名前十强的城市中有8个属于京津冀地区,且综合得分多数上升,发展势头好于非京津冀城市。

河北地区城市整体表现相对较好。本期河北省共有6个城市进入全国"双创"金融发展综合指数得分排名百强榜,较上期增加1个。其中,保定、唐山综合得分增长超过2分,石家庄、沧州、邢台综合得分增长超过1分,仅廊坊市得分出现小幅下滑。

山西、内蒙古地区多数城市得分下滑。本期山西省全部城市得分均下滑,其中晋城下滑6.76分、排名下滑58位,排第245名。内蒙古城市出现一定分化,省会呼和浩特综合得分下滑3.53分,排名下滑13位,排第73名;乌海市、阿拉善盟、通辽市得分增长,但在全国的排名仍较低。

→ 6.2 "双创"金融资源供给状况显著改善,地区城市金融资源供给能力存在差异

华北地区本期共有9个城市跻身全国"双创"金融资源供给丰富度排名百强榜单,分别是北京、天津、石家庄、太原、唐山、呼和浩特、保定、张家口和邢台。其中,张家口上升11位,进入前100强,本期排第94名;邢台上升95位,进入前100强,本期排第95名;包头下滑16位,跌出前100强,本期排第102名;廊坊下滑22位,跌出前100强,本期排第121名。具体见表6-2。

表6-2 华北地区 CIEFI 7 "双创"金融资源供给丰富度排名前20强得分与排名变化情况

城市	本期综合得分	本期国内排名	得分变化	排名变化
北京市	24.35	1	▲0.48	—
天津市	19.12	9	▲0.07	—
石家庄市	15.96	26	▲0.79	▲9
太原市	15.21	34	▼0.35	▼2
唐山市	13.21	51	▼0.83	▼6
呼和浩特市	12.48	57	▼1.65	▼14
保定市	12.15	65	▲1.84	▲20
张家口市	10.11	94	▲0.80	▲11
邢台市	10.11	95	▲3.24	▲95
包头市	9.94	102	▼0.33	▼16
廊坊市	9.37	121	▼0.11	▼22
沧州市	9.35	122	▲1.37	▲28
临汾市	9.11	127	▼0.04	▼19
运城市	9.09	128	▲0.58	▲2
大同市	8.77	136	▲0.21	▼7
晋中市	8.50	141	▲0.09	▼4
秦皇岛市	8.30	150	▲1.02	▲23
巴彦淖尔市	7.86	160	▲0.70	▲16
长治市	7.77	164	▼1.06	▼46
邯郸市	7.66	168	▼0.48	▼25

本期多数华北地区城市"双创"金融资源供给丰富度分指数得分出现上升,36个城市中有20个得分呈现增长,在地区分指数得分排名前20强城市中,有12个城市得分较上期增加。其中,地区得分增长前三城市是邢台、乌海和保定,分别增长3.24分、2.85分和1.84分。多数城市得分增长贡献者来自股票融资规模和债券融资规模等证券市场供给指标。

在信贷供给方面,2022年北京市新增贷款余额8 787亿元,占华北地区的38%,占比超过华北地区2~5名的石家庄市、太原市、天津市、唐山市四个城市的总和;华北地区新增贷款余额前5名城市合计新增贷款余额占华北地区的64%。具体见图6-1。

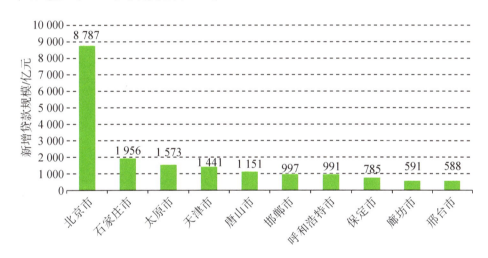

图6-1 华北地区2022年新增贷款规模排名前十强城市

在证券市场供给方面,2022年北京市股票融资规模2 242亿元,占华北地区的78%,是华北地区2~5名的天津市、石家庄市、太原市、邢台市四个城市合计股票融资规模的4.4倍;华北地区股票融资规模前5名城市合计股票融资规模占华北地区的95%。2022年北京市债券融资规模约18.7万亿元,同比增长72%,占华北地区的89%;华北地区城市2022年债券融资规模多数出现增长,太原市、石家庄市、大同市、唐山市等头部城市同比增长均超过50%。具体见图6-2和图6-3。

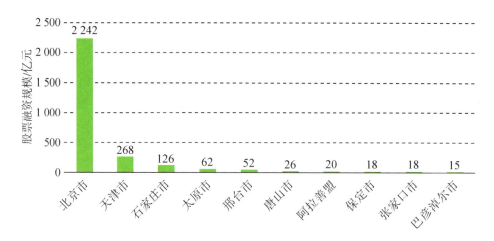

图 6-2　华北地区 2022 年股票融资规模排名前十强城市

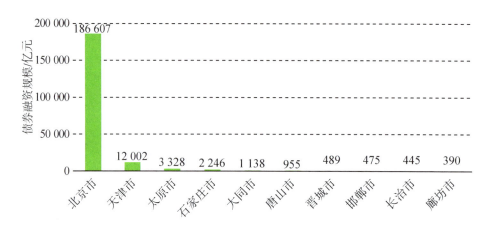

图 6-3　华北地区 2022 年债券融资规模排名前十强城市

在私募股权供给方面,2022 年北京私募股权投资案例数 1 084 起,投资规模 2 488.8 亿元,分别占华北地区的 70%、68%。除北京、天津外,河北省城市表现较好,保定市、石家庄市、唐山市 2022 年私募投资规模均超过百亿元。具体见图 6-4。

图 6-4 华北地区 2022 年私募股权投资活动排名前十强城市

→ 6.3 地区多数城市金融服务有效度得分下滑，北京、天津 表现相对坚挺

华北地区本期共有 9 个城市跻身全国"双创"金融服务有效度排名百强榜单，分别是北京、天津、石家庄、唐山、太原、邢台、保定、沧州和廊坊。其中，天津排名上升 6 位，进入全国前十强，本期排第 7 名；包头下滑 6 位，跌出前 100 强，本期排第 104 名。具体见表 6-3。

表 6-3 华北地区 CIEFI 7 "双创"金融服务有效度排名前 20 强得分与排名变化情况

城市	本期综合得分	本期国内排名	得分变化	排名变化
北京市	25.00	1	▲0.22	—
天津市	20.04	7	▲1.30	▲6
石家庄市	16.06	33	▼0.04	▼2
唐山市	14.99	42	▼0.13	▼3
太原市	14.89	43	▼1.24	▼13

表6-3(续)

城市	本期综合得分	本期国内排名	得分变化	排名变化
邢台市	12.96	59	▼0.25	▲10
保定市	12.92	60	▼1.27	▼4
沧州市	12.20	75	▼0.36	▲7
廊坊市	12.14	78	▼0.42	▲3
包头市	11.06	104	▼0.86	▼6
邯郸市	10.92	108	▼0.56	▲4
秦皇岛市	10.23	122	▼0.69	▲4
衡水市	10.00	127	▼0.98	▼3
呼和浩特市	9.89	131	▼1.25	▼12
运城市	9.42	140	▼2.29	▼35
长治市	9.30	144	▼1.23	▼7
晋中市	9.19	149	▼1.76	▼24
大同市	8.91	155	▼1.71	▼23
承德市	8.39	170	▼0.77	▲15
张家口市	8.25	174	▼1.21	▼4

本期华北地区多数城市"双创"金融服务有效度分指数得分出现下滑，36个城市中有32个得分出现下滑，地区分指数得分排名前20强城市中仅北京、天津实现正增长。山西省城市得分跌幅较大，地区得分跌幅前10名中有9个为山西省的城市。

在科创企业培育成效方面，北京、天津排华北地区前2名，2022年北京高新技术企业有27 699家，同比下滑20%，仍占华北地区49%；华北地区绝大多数城市高新技术企业数量同比增长；天津高新技术企业有10 787家，同比增长17%；石家庄高新技术企业有3 185家，同比增长7%。

具体参见图6-5和图6-6。

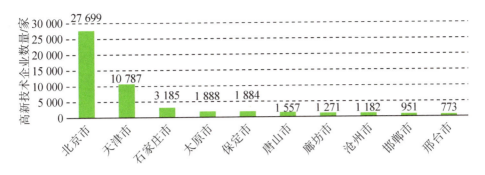

图 6-5 华北地区高新技术企业数量排名前十强城市

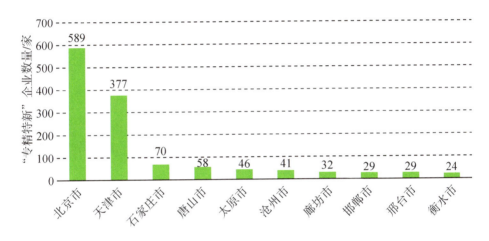

图 6-6 华北地区"专精特新"企业数量排名前十强城市

在上市公司培育方面，2022 年北京、天津分别有科创板上市公司 68 家、8 家，华北地区其他城市尚无科创板上市企业；北京证券交易所开市一年多来，华北地区合计 25 家公司在北京证券交易所上市，其中，北京有 15 家，天津有 2 家、唐山有 2 家，石家庄、邢台、廊坊、太原、运城、呼和浩特等城市均分别有 1 家。

在新三板挂牌企业方面，地区企业数呈减少态势，2022 年华北地区部分企业在新三板终止挂牌，华北地区城市新三板企业数多数为持平或减少。在本期新三板挂牌企业数前五城市中，北京同比减少 6%，天津同比减少 5%，石家庄市同比减少 7%，太原与上年持平，唐山同比减少 17%。

具体参见图6-7。

图6-7 华北地区上市挂牌企业数量排名前十强城市

➤ 6.4 金融政策支持度得分出现分化，排名头部城市表现更优

华北地区本期共有7个城市跻身全国"双创"金融政策支持度排名百强榜单，分别是北京、天津、石家庄、太原、保定、呼和浩特和廊坊。其中，沧州下滑30位，跌出前100强，本期排第115名；邢台下滑37位，跌出前100强，本期排第132名；包头下滑76位，跌出前100强，本期排第164名。

华北地区本期整体"双创"金融政策支持度得分增长负多正少，36个城市中有24个得分出现下滑，地区排名前20强城市中有10个城市实现正增长。其中，唐山、保定、廊坊、长治得分增长幅度相对显著，得分增长均超过1分，排名分别上升35位、4位、13位、11位。具体见表6-4。

表 6-4 华北地区 CIEFI 7"双创"金融政策支持度排名前 20 强得分与排名变化情况

城市	本期综合得分	本期国内排名	得分变化	排名变化
北京市	23.67	1	▼0.07	—
天津市	20.95	10	▼0.05	▼1
石家庄市	18.28	21	▼0.26	▼1
太原市	16.93	30	▲0.29	▲4
保定市	14.89	48	▲1.95	▲4
呼和浩特市	11.62	74	▼0.31	▼16
廊坊市	11.51	77	▲1.80	▲13
唐山市	9.88	103	▲2.16	▲35
沧州市	9.36	115	▼0.66	▼30
长治市	9.22	118	▲1.13	▲11
张家口市	8.83	130	▼0.22	▼26
邢台市	8.68	132	▼0.76	▼37
晋中市	8.28	143	▲0.20	▼13
鄂尔多斯市	8.15	145	▲0.46	▼3
秦皇岛市	7.91	154	▲0.34	▼8
包头市	7.54	164	▼2.32	▼76
承德市	7.23	174	▼0.18	▼24
临汾市	7.05	179	▲0.75	▲1
邯郸市	6.92	181	▼0.49	▼32
运城市	6.72	187	▲0.79	▲8

　　华北地区"双创"金融支持政策搜索热度指数和"双创"金融支持政策内容关键词检索条目数出现倒挂。华北地区多数城市"双创"金融支持政策内容关键词检索条目数增长，但"双创"金融支持政策搜索热度指数得分下降。北京"双创"金融支持政策内容关键词检索条目数同比增长43%，"双创"金融支持政策搜索热度指数得分同比下滑8%；石家庄"双创"金融支持政策内容关键词检索条目数同比增长42%，"双创"金融支持政策搜索热度指数得分同比下滑19%；太原"双创"金融支持政策内容关

键词检索条目数同比增长124%,"双创"金融支持政策搜索热度指数得分同比下滑20%。具体见图6-8和图6-9。

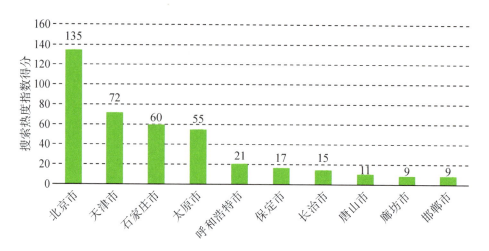

图6-8 华北地区"双创"金融支持政策搜索热度指数得分排名前十强城市

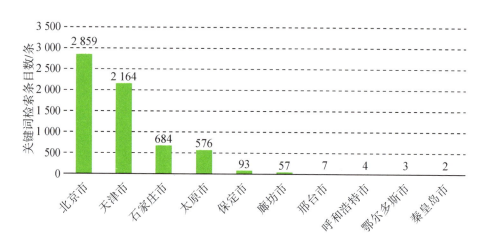

图6-9 华北地区"双创"金融支持政策内容关键词检索条目数排名前十强城市

贷款贴息贴保类和人才认定与资助类政策较为丰富。从政策内容关键词检索条目数来看,条目数最多的为人才认定与资助,其次是贷款贴息贴保类政策,创新创业类和上市/并购奖补类政策也较多,但明显少于前两类。2022年,在北京2 859条政策内容关键词中,人才认定与资助213条、贷款贴息贴保 174 条、上市/并购类 62 条；在石家庄 684 条政策内容关键词中，人才认定与资助 54 条、贷款贴息贴保 42 条、创新创业类 9 条。

在资金保障力度方面，2022 年，华北地区大部分城市政府引导基金目标规模与上年持平；石家庄市政府引导基金目标规模 490 亿元，同比增长 2%；太原市政府引导基金目标规模 360 亿元，同比增长 3%。具体见图 6-10。

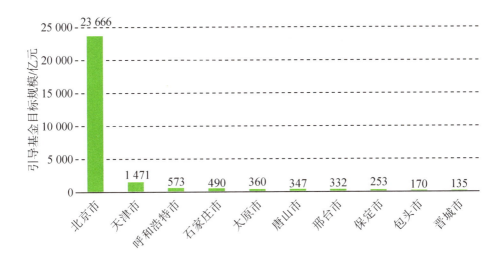

图 6-10   华北地区政府引导基金目标规模排名前十强城市

在平台支持强度方面，华北地区大部分城市在国家级众创空间和国家级科技孵化器等培育载体方面均有增长。2022 年，天津有国家级众创空间 90 家和国家级科技孵化器 44 家，分别同比增长 8%、22%；太原有国家级众创空间 29 家和国家级科技孵化器 12 家，分别同比增长 16%、9%。具体见图 6-11。

图 6-11　华北地区国家级孵化培育载体数量排名前十强城市

→ 6.5　金融环境承载度得分整体回升，头部城市排名下滑

华北地区本期共有 11 个城市跻身全国"双创"金融环境承载度排名百强榜单，分别是北京、天津、石家庄、太原、唐山、沧州、呼和浩特、保定、包头、鄂尔多斯和邯郸。其中，廊坊下滑 70 位，跌出前 100 强，本期排第 129 名；秦皇岛下滑 53 位，跌出前 100 强，本期排第 140 名；鄂尔多斯上升 47 位，进入前 100 强，本期排第 87 名。

华北地区本期"双创"金融政策支持度得分整体回暖，36 个城市中仅有 9 个得分出现下滑，其中 7 个为地区排名前 20 强城市。其中，石家庄、鄂尔多斯、唐山得分增长幅度相对显著，得分增长均超过 1.3 分，排名分别上升 14 位、47 位、25 位。具体见表 6-5。

表 6-5 华北地区 CIEFI 7 "双创"金融环境承载度排名前 20 强得分与排名变化情况

城市	本期综合得分	本期国内排名	得分变化	排名变化
北京市	21.34	11	▼0.94	▼7
天津市	18.58	36	▼0.48	▼6
石家庄市	19.53	29	▲1.46	▲14
太原市	19.39	30	▲0.69	▲4
唐山市	17.97	49	▲1.33	▲25
沧州市	17.15	60	▲0.66	▲17
呼和浩特市	16.97	66	▼0.32	▼6
保定市	16.59	81	▼0.08	▼9
包头市	16.47	85	▲0.58	▲9
鄂尔多斯市	16.37	87	▲1.37	▲47
邯郸市	16.00	97	▲0.07	▼4
晋中市	15.78	106	▲0.86	▲32
廊坊市	15.42	129	▼1.90	▼70
秦皇岛市	15.09	140	▼0.99	▼53
大同市	15.08	141	▲0.85	▲32
临汾市	14.75	157	▲0.78	▲30
运城市	14.75	158	▲0.62	▲19
邢台市	14.75	159	▼0.72	▼45
晋城市	14.58	167	▲1.12	▲46
长治市	14.45	174	▲0.72	▲27

华北地区头部城市新设市场主体数和新增商标注册数大多出现小幅下滑。2022 年,北京新设市场主体数 27.1 万家、新增商标注册数 38.7 万件,分别同比上升 3%、下滑 10%;天津新设市场主体数 26.7 万家、新增商标注册数 5.5 万件,分别同比下滑 7%、19%;石家庄新设市场主体数 20.6 万家、新增商标注册数 4.7 万件,分别同比下滑 2%、15%。具体见图 6-12 和图 6-13。

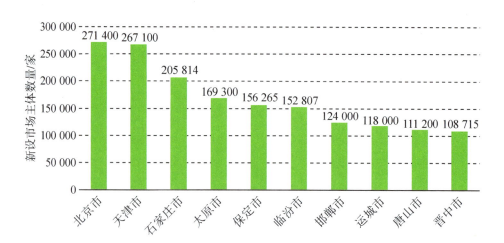

图 6-12　华北地区新设市场主体数量排名前十强城市

图 6-13　华北地区新增发明专利授权量排名前十强城市

　　本期华北地区城市创新成果增长较多。多数城市新增发明专利授权量同比出现两位数以上增长,天津同比增长 61%,石家庄同比增长 47%,太原同比增长 42%。北京在创新成果方面的优势十分明显,2022 年北京新增发明专利授权量 8.9 万件,占华北地区的 74%。华北地区前 4 名城市合计占华北地区的 90%。

在经济与社会环境方面，北京、天津均出现小幅人口流出，2022年常住人口分别较上年下降0.2%、0.7%。石家庄逆转上期人口流出趋势，2022年常住人口增加1.9万人。内蒙古地区城市整体表现较为亮眼，12个城市中有7个出现常住人口正增长，呼和浩特常住人口较上年增加5.5万人，为华北地区第一。具体见图6-14。

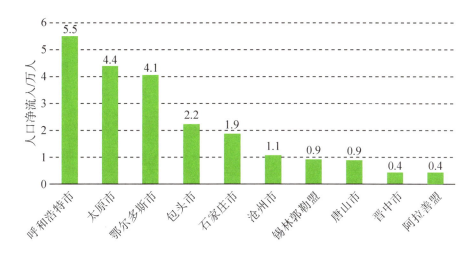

图6-14 华北地区常住人口净流入排名前十强城市

7 东北地区"双创"

金融发展比较分析

按照行政区划分类，东北地区包括辽宁省、吉林省和黑龙江省。本报告研究评价样本城市涵盖该地区 36 个地级及以上级别城市。

→ 7.1 头部城市排名稳定，地区城市综合得分分化明显

本期进入"双创"金融发展综合指数得分排名百强榜的东北地区城市分别为大连、沈阳、长春、哈尔滨 4 个城市。除此之外，在该地区排名相对靠前的吉林本期排第 109 名，鞍山上升 47 位、排第 136 名，其余城市排名相对较低。

本期东北地区城市"双创"金融发展综合指数得分延续下滑趋势，36 个城市中有 22 个得分出现下滑，在地区排名前 20 强城市中，仅 7 个城市得分实现正增长。其中，大连、哈尔滨、吉林、鞍山等头部城市表现较好，得分均较上期增长；沈阳得分略微下滑，但排名上升 3 位，排第 31 名。

综合来看，东北地区整体"双创"金融发展断层明显，大连、沈阳、长春、哈尔滨 4 个城市稳居全国前 50 强，吉林位于东北地区第二梯队，全国排名在 100 前后，其余城市排名则相对较低，与东北地区头部城市差距十分明显。

长春、大连、沈阳、哈尔滨作为副省级城市排名稳定，包揽本期"双创"金融发展综合指数及各分指数得分东北地区前 4 名，在全国排名也稳居前 50 强。鞍山本期表现较为亮眼，本期得分大幅上升 4.43 分，排名上升 47 位，增长主要来自金融资源供给丰富度分指数得分大幅提升。具体参见表 7-1。

表 7-1　东北地区 CIEFI 7 综合排名榜前 20 强得分与排名变化情况

城市	本期综合得分	本期国内排名	得分变化	排名变化
大连市	67.91	29	▲0.90	▲4
沈阳市	66.78	31	▼0.22	▲3

表7-1(续)

城市	本期综合得分	本期国内排名	得分变化	排名变化
长春市	65.51	34	▼1.62	▼3
哈尔滨市	65.51	35	▲1.33	▲4
吉林市	45.14	109	▲0.81	▼2
鞍山市	41.07	136	▲4.43	▲47
盘锦市	35.85	191	▼1.23	▼12
大庆市	32.58	211	▼1.01	▼3
丹东市	32.33	213	▼0.06	▲5
抚顺市	32.30	214	▲2.49	▲22
齐齐哈尔市	32.27	215	▼1.51	▼10
营口市	32.23	216	▼1.21	▼5
锦州市	30.48	232	▼9.24	▼82
通化市	30.27	234	▼1.01	▼10
延边州	28.64	250	▼1.69	▼17
牡丹江市	27.42	256	▼2.24	▼18
佳木斯市	26.98	259	▼1.93	▼15
铁岭市	26.50	264	▲4.13	▲36
阜新市	26.12	268	▲0.06	—
葫芦岛市	25.99	269	▼1.78	▼17

➡ 7.2 头部城市金融资源供给丰富度波动较小，鞍山、抚顺表现相对亮眼

东北地区本期仅有5个城市跻身全国"双创"金融资源供给丰富度排名百强榜单，分别是哈尔滨、大连、沈阳、长春和吉林。其中，吉林上升40位，进入前100强，本期排第91名；哈尔滨上升4位，进入前100强，本期排第36名，排名反超大连。

本期多数东北地区城市"双创"金融资源供给丰富度分指数得分回暖。东北地区本期36个城市中有26个分指数得分实现上升，在地区分指数得分

排名前 20 强城市中,仅 5 个城市得分下滑。其中,鞍山市、抚顺市表现亮眼,分指数得分增长超过 5 分,排名分别上升 172 位、135 位。具体见表 7-2。

表 7-2　东北地区 CIEFI 7 "双创"金融资源供给丰富度排名前 20 强得分与排名变化情况

城市	本期综合得分	本期国内排名	得分变化	排名变化
哈尔滨市	14.97	36	▲0.60	▲4
大连市	14.59	41	▼0.51	▼5
沈阳市	14.51	42	▲0.33	—
长春市	14.47	43	▼0.31	▼5
吉林市	10.29	91	▲1.80	▲40
鞍山市	9.43	120	▲5.64	▲172
盘锦市	8.35	147	▲1.25	▲34
抚顺市	7.08	191	▲5.50	▲135
七台河市	6.94	199	▲1.58	▲46
大庆市	6.40	223	▲0.08	▼12
通化市	6.27	226	▲0.44	▲4
双鸭山市	6.02	244	▲2.71	▲64
丹东市	5.82	250	▲1.27	▲18
延边州	5.67	254	▼0.00	▼20
齐齐哈尔市	5.41	260	▲0.53	—
白山市	5.30	266	▼0.08	▼24
葫芦岛市	5.19	272	▲1.13	▲10
阜新市	4.90	278	▲1.04	▲12
松原市	4.86	280	▲1.71	▲32
鸡西市	4.83	281	▼1.39	▼64

在信贷供给方面,东北地区部分城市本期新增信贷规模出现大额缺口,2022 年本溪市新增贷款余额-143.1 亿元,锦州新增贷款余额-568.7 亿元,辽阳新增贷款余额-745.3 亿元。东北地区前 4 城市沈阳、长春、大连、哈尔滨合计新增贷款规模 4 013 亿元,占东北地区的 102%。具体见图 7-1。

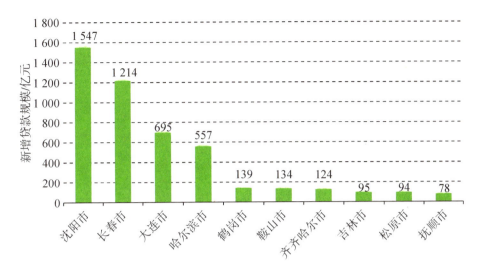

图 7-1　东北地区 2022 年新增贷款规模排名前十强城市

在证券市场供给方面，头部城市 2022 年股票融资规模出现一定分化。哈尔滨股票融资规模 145 亿元，同比增长 625%；沈阳股票融资规模 122 亿元，同比增长 150%；长春、大连则同比分别下滑 44%、60%。本期东北地区城市债券融资规模大多数增长；吉林表现亮眼，2022 年吉林债券融资规模 1 913 亿元，同比增长 4 570%，跃升至东北地区第一。具体见图 7-2 和图 7-3。

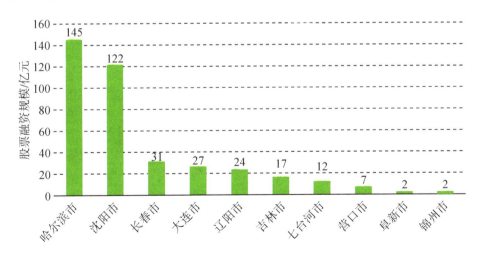

图 7-2　东北地区 2022 年股票融资规模排名前十强城市

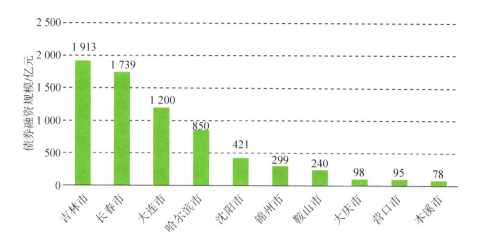

图 7-3　东北地区 2022 年债券融资规模排名前十强城市

在私募股权供给方面，东北地区城市本期私募股权投资案例数大多数增长，但私募股权投资规模下滑，平均单笔融资金额下滑较多。盘锦表现较好，2022 年私募股权案例 5 起，其中创投案例 3 起、并购案例 2 起，私募股权投资规模 43.1 亿元，平均单笔规模超过 8 亿元，为东北地区第一。本期东北地区私募股权管理人数也有所下滑，头部城市中哈尔滨、大连、长春分别同比下滑 14%、11%、16%，仅沈阳上升 10%。具体见图 7-4。

图 7-4　东北地区 2022 年私募股权投资活动排名前十强城市

➡ 7.3 地区金融服务有效度得分整体下滑，但排名变动较小

东北地区本期共有 4 个城市跻身全国"双创"金融服务有效度排名百强榜单，分别是大连、沈阳、哈尔滨和长春。其中，长春排名下滑 6 位，排第 44 名，与其他三个城市差距拉大。

东北地区本期"双创"金融服务有效度分指数得分整体下滑，但波动相对较小，36 个城市中有 33 个得分下滑，在地区分指数得分排名前 20 强城市中，仅大连、沈阳、丹东 3 个城市得分上升。具体见表 7-3。

表 7-3 东北地区 CIEFI 7 "双创"金融服务有效度排名前 20 强得分与排名变化情况

城市	本期综合得分	本期国内排名	得分变化	排名变化
大连市	16.55	31	▲0.69	▲2
沈阳市	16.07	32	▲0.07	—
哈尔滨市	15.79	35	▼0.00	—
长春市	14.83	44	▼0.35	▼6
鞍山市	11.05	105	▼0.28	▲9
营口市	9.87	132	▼0.14	▲23
吉林市	9.56	136	▼0.86	▲5
丹东市	8.62	160	▲0.11	▲38
锦州市	8.60	162	▼0.85	▲9
辽阳市	8.39	171	▼0.35	▲24
盘锦市	8.05	181	▼1.20	▼3
通化市	7.76	189	▼1.18	▲2
铁岭市	7.74	190	▼0.58	▲16
抚顺市	7.72	192	▼1.41	▼5
大庆市	7.55	195	▼0.64	▲13
葫芦岛市	7.30	198	▼0.60	▲16
齐齐哈尔市	7.07	206	▼1.33	▼4
牡丹江市	6.67	217	▼1.09	▲1
朝阳市	6.65	218	▼0.90	▲6
延边州	6.24	223	▼0.91	▲11

在科创企业培育方面，东北地区城市本期高新技术企业数量增长较快。2022 年地区多数城市高新技术企业增速超过 20%，其中沈阳、大连、哈尔滨、长春的高新技术企业数量同比增长分别为 29%、37%、31%、12%。具体见图 7-5 和图 7-6。

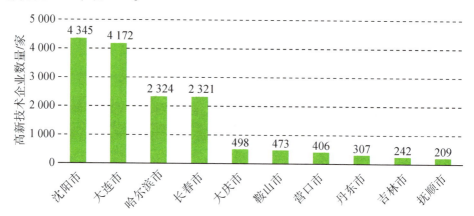

图 7-5 东北地区高新技术企业数量排名前十强城市

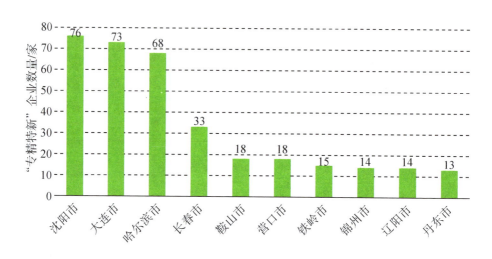

图 7-6 东北地区"专精特新"企业数量排名前十强城市

在企业上市挂牌方面，主要集中在少数几个城市。2022 年，东北地区共 12 家科创板上市企业，其中，沈阳 4 家、大连 3 家、长春 2 家、哈尔滨 2 家、锦州 1 家。2022 年，东北地区城市在北京证券交易所挂牌上市数量相对较少，共 5 家，其中，大连 2 家、长春 1 家、锦州 1 家、吉林 1 家，沈阳、哈尔滨尚无在北京证券交易所上市挂牌公司。具体见图 7-7。

图 7-7　东北地区上市挂牌企业数量排名前十强城市

→ 7.4　地区金融政策预期效应减弱，得分排名整体下滑

东北地区本期共有 4 个城市跻身全国"双创"金融政策支持度排名百强榜单，分别是长春、大连、沈阳和哈尔滨。吉林下滑 30 位，跌出前 100强，本期排第 107 名。

东北地区本期整体"双创"金融政策支持度得分延续下滑态势，36 个城市中有 32 个城市得分下滑，在地区排名前 20 强城市中，仅 1 个城市实现正增长。其中，头部城市长春、沈阳、哈尔滨降幅较少，大连得分下降1 分多，排名下滑 6 位，排第 32 名。具体见表 7-4。

表 7-4　东北地区 CIEFI 7 "双创"金融政策支持度排名前 20 强得分与排名变化情况

城市	本期综合得分	本期国内排名	得分变化	排名变化
长春市	17.72	26	▼0.16	▼1
大连市	16.66	32	▼1.15	▼6
沈阳市	16.35	34	▼0.34	▼1
哈尔滨市	16.33	35	▼0.24	—
吉林市	9.66	107	▼0.73	▼30
锦州市	5.96	210	▼0.94	▼45
鞍山市	5.86	212	▼0.69	▼38
盘锦市	5.64	220	▼0.98	▼49
丹东市	5.63	221	▼0.51	▼35
齐齐哈尔市	5.62	222	▼0.62	▼40
延边州	4.60	241	▼0.74	▼28
营口市	4.50	243	▼0.89	▼33
抚顺市	4.48	244	▼1.01	▼37
通化市	3.98	254	▼0.16	▼4
佳木斯市	3.94	255	▼0.39	▼16
大庆市	3.93	256	▼0.45	▼19
辽源市	3.86	260	▼0.44	▼20
牡丹江市	3.33	270	▼0.28	▼7
铁岭市	3.29	271	▲0.26	▲9
白城市	3.25	272	▼0.14	▲1

在政策预期热度方面，本期东北地区"双创"金融支持政策搜索热度指数得分和"双创"金融支持政策内容关键词检索条目数出现倒挂，东北地区多数城市"双创"金融支持政策内容关键词检索条目数增长，但"双创"金融支持政策搜索热度指数得分下降。长春"双创"金融支持政策内容关键词检索条目数上升 7%，"双创"金融支持政策搜索热度指数得分下滑 16%；沈阳"双创"金融支持政策内容关键词检索条目数上升 27%，"双

创"金融支持政策搜索热度指数得分下滑 27%。具体见图 7-8 和图 7-9。

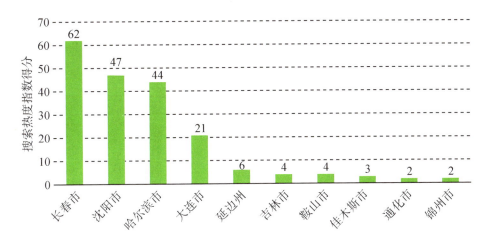

图 7-8 东北地区"双创"金融支持政策搜索热度指数得分排名前十强城市

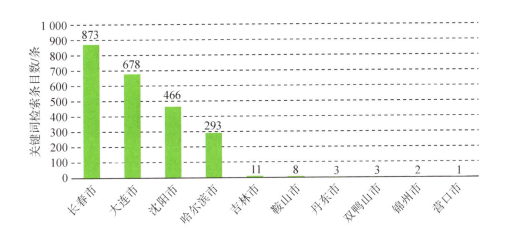

图 7-9 东北地区"双创"金融支持政策内容关键词检索条目数排名前十强城市

贷款贴息贴保类和人才认定与资助类政策较为丰富。从政策内容关键词条目数来看，条目数最多的为人才认定与资助，其次是贷款贴息贴保类政策，创新创业类和上市/并购奖补类政策也较多，但明显少于前两类。2022 年，在长春 873 条政策内容关键词中，人才认定与资助 71 条、贷款贴息贴保 26 条、上市/并购类 26 条；在大连 678 条政策内容关键词中，人才认定与资助 82 条、贷款贴息贴保 26 条、上市/并购类 3 条。

在资金保障力度方面，东北地区多数城市本期政府引导基金目标规模与上年持平，沈阳、长春增长幅度较大。2022 年，沈阳的政府引导基金目标规模 481 亿元，较上年增加 300 亿元，同比增长 166%；长春的政府引导基金目标规模 481 亿元，较上年增加 20 亿元，同比增长 29%。具体见图 7-10。

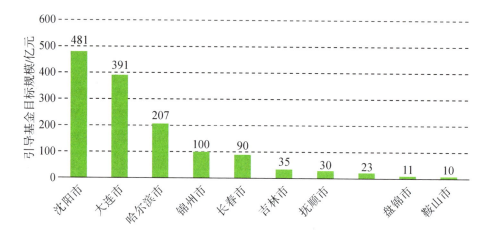

图 7-10　东北地区政府引导基金目标规模排名前十强城市

在平台支持强度方面，东北地区本期平台支持强度整体提升，东北地区城市在国家级众创空间和国家级科技孵化器等培育载体方面小幅增长。2022 年，大连有国家级众创空间 27 家和国家级科技孵化器 16 家，分别同比增长 4%、23%；长春有国家级众创空间 18 家和国家级科技孵化器 16 家，分别同比增长 6%、14%。具体见图 7-11。

图 7-11 东北地区国家级孵化培育载体数量排名前十强城市

→ 7.5 地区金融环境承载度出现分化，大连人口流入最多

东北地区本期仅 4 个城市跻身全国"双创"金融环境承载度排名百强榜单，分别是大连、沈阳、长春和哈尔滨。其中，大连得分上升近 2 分，排名大幅上升 20 位，排全国第 20 名。

东北地区城市本期"双创"金融环境承载度得分有所回暖，36 个城市中有 19 个得分下滑，地区排名前 20 强城市中有 10 个城市得分实现正增长。头部城市中大连、哈尔滨、吉林表现强劲，排名分别上升 20 位、11 位、16 位。具体见表 7-5。

表 7-5 东北地区 CIEFI 7 "双创"金融环境承载度排名前 20 强得分与排名变化情况

城市	本期综合得分	本期国内排名	得分变化	排名变化
大连市	20.11	20	▲1.88	▲20
沈阳市	19.84	23	▼0.28	▼5
长春市	18.49	41	▼0.80	▼14
哈尔滨市	18.42	42	▲0.97	▲11
吉林市	15.64	115	▲0.61	▲16

表7-5(续)

城市	本期综合得分	本期国内排名	得分变化	排名变化
鞍山市	14.73	161	▼0.24	▼26
大庆市	14.70	163	▲0.01	▼16
阜新市	14.35	178	▲2.38	▲102
齐齐哈尔市	14.17	190	▼0.09	▼20
盘锦市	13.81	206	▼0.29	▼25
锦州市	13.76	211	▼0.60	▼48
四平市	13.30	232	▲0.69	▲14
佳木斯市	13.26	236	▲0.02	▼12
营口市	13.10	240	▼0.52	▼36
牡丹江市	13.09	241	▼0.37	▼27
抚顺市	13.03	246	▼0.58	▼41
葫芦岛市	12.87	249	▼0.16	▼17
绥化市	12.53	268	▲0.20	▼7
白城市	12.50	270	▲1.04	▲25
本溪市	12.44	273	▲0.13	▼11

在创业环境方面，东北地区本期新设市场主体数和新增商标注册数有所下滑。2022年，沈阳、长春新设市场主体数同比下滑38%、33%；哈尔滨与上年基本持平；大连市表现较好，2022年新设市场主体数11.9万家，同比增长6%。2022年，长春、哈尔滨、沈阳、大连新增商标注册数分别同比下滑8%、16%、19%、12%。具体见图7-12。

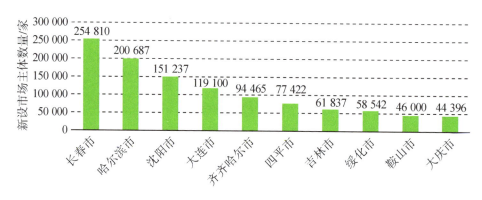

图7-12 东北地区新设市场主体数量排名前十强城市

在创新环境方面，本期东北地区城市创新成果增长较多，多数城市新增发明专利授权量同比出现两位数以上增长，但头部城市出现一定分化。2022年，大连市、哈尔滨市新增发明专利授权量分别同比增长2%、36%，而长春市、沈阳市分别同比下降2%、1%。具体见图7-13。

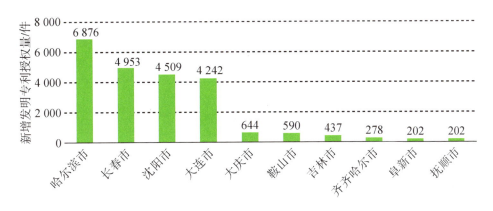

图7-13 东北地区新增发明专利授权量排名前十强城市

在经济与社会环境方面，东北地区城市本期人口流出的情况没有改善，多数城市为人口净流出，仅大连、沈阳、阜新为人口净流入。大连表现较为强劲，2022年常住人口增长7.7万人，常住人口同比增长1%，逆转上年常住人口小幅流出的趋势。具体见图7-14。

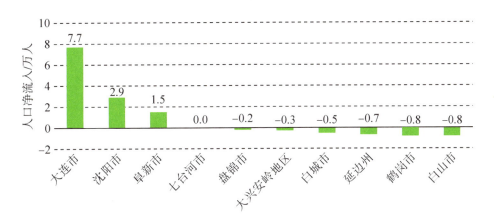

图7-14 东北地区常住人口净流入排名前十强城市

8 华东地区"双创"金融发展比较分析

按照行政区划分类,华东地区包括上海市、江苏省、浙江省、安徽省、福建省、江西省、山东省及台湾省。本报告研究评价样本城市涵盖华东地区 77 个地级及以上级别城市,不含台湾省城市。

➡ 8.1 地区金融综合发展水平保持领先,第二梯队城市表现回暖

华东地区本期进入全国"双创"金融发展综合指数得分排名百强榜的城市达到了 50 个,其中地区排名前 20 强城市依次是上海、杭州、苏州、南京、宁波、合肥、青岛、济南、厦门、无锡、福州、常州、嘉兴、南通、南昌、绍兴、台州、烟台、潍坊和金华。

华东地区本期"双创"金融发展综合指数整体得分有所提升,域内城市得分也大多出现止跌回升态势,在地区排名前 20 强城市中,仅 5 个城市得分有所下滑,其中烟台、杭州、合肥三城综合能力得分提升幅度较大。具体见表 8-1。

表 8-1 华东地区 CIEFI 7 综合排名榜前 20 强得分与排名变化情况

城市	本期综合得分	本期国内排名	得分变化	排名变化
上海市	89.44	2	▼2.57	—
杭州市	87.02	4	▲2.60	—
苏州市	83.04	6	▲0.87	▲2
南京市	80.77	9	▲0.71	—
宁波市	79.59	11	▲1.06	▼1
合肥市	77.59	15	▲2.40	▲1
青岛市	76.65	16	▲0.12	▼2
济南市	75.09	18	▲0.35	▼1
厦门市	73.41	19	▲1.56	▲2

表8-1(续)

城市	本期综合得分	本期国内排名	得分变化	排名变化
无锡市	73.36	20	▼1.03	▼2
福州市	72.59	21	▲0.31	▼1
常州市	69.32	24	▼1.30	▼1
嘉兴市	69.27	25	▲1.10	▲2
南通市	68.15	27	▲0.33	▲2
南昌市	66.93	30	▼1.44	▼4
绍兴市	65.14	36	▲0.04	▲1
台州市	64.92	38	▲0.20	—
烟台市	64.85	39	▲5.35	▲10
潍坊市	63.20	40	▲1.62	▲3
金华市	62.18	42	▼0.39	▼1

地区"双创"金融发展综合水平保持领先。华东地区77个城市的本期"双创"金融发展综合指数得分均值为54.41分,较上期提升0.56分,高于全国均值40.52分和回升0.34分的同期水平,持续位列区域总体得分第1名。区域中进入全国排名前十强的城市共有4个,分别是上海、杭州、苏州和南京,进入排名百强城市的城市多达50个,上榜城市占比率达到65%,远超其他区域同期水平。华东地区拥有深厚的市场经济发展底蕴,具备应对处理经济发展困境的丰厚经验,可在复杂多变的政治与经济事件冲击下,金融机构等市场主体和政府能为企业持续提供多元化的创新创业活动支持,为区域内相关经济发展打造了强有力的底层基础。

经济金融强省"双创"金融活动整体回暖。在华东区域内参与本期指数评价的六省一直辖市中,仅有上海和安徽的总体得分有所下降,其中安徽仅下降0.05分。江苏、浙江和山东三大经济金融强省得分分别由62.67分、62.28分和53.14分上升至63.11分、62.76分和54.99分,此外,福建和江西也分别上升了0.39分和0.20分,高于我国华南区域的另一经济大省广东,有力支撑区域整体得分回升。江苏和浙江分别各有两个城市进入十强城市排名,分别有7个和8个城市进入前50强城市排名,占本省地级市数量的半数以上。

第二梯队城市创新创业金融得分同步回升。全国20强城市中有半数席位被华东区域城市占据,可分为第一梯队上海和第二梯队杭州、苏州等。作为全国重要的经济支柱、华东区域内"双创"金融活动较活跃的领先城市,上海在本期指数得分中分值跌幅较大,为排名前20强城市中分值降幅最大的城市。但处于区域内第二梯队城市进步较为明显,杭州、苏州、南京、宁波、合肥、青岛、济南和厦门8个城市本期指数评价得分皆有上涨,分别提升2.60分、0.87分、0.71分、1.06分、2.4分、0.12分、0.35分和1.56分,充分展示出华东地区第二梯队城市较强的产业承载和复苏水平,形成了全国独有的第二梯队城市拉动区域得分回升现象。

具体参见图8-1。

图8-1 华东区域各省市综合指数得分情况

8.2 区域"双创"金融资源供给丰富度全国领先，直接融资活动高度活跃

华东地区本期共有51个城市跻身全国"双创"金融资源供给丰富度排名百强榜单，排名前十强的城市依次是上海、杭州、苏州、宁波、南京、济南、嘉兴、厦门、无锡和福州。其中，上海排全国第2名，杭州排全国第4名，苏州排全国第5名，宁波排全国第7名，南京排全国第8名。

华东地区本期超过六成的城市"双创"金融资源供给丰富度分指数得分实现增长。华东的77个城市中有47个城市的"双创"金融资源供给丰富度本期得分上升，有30个城市呈现下降态势。在地区分指数得分排名前20强城市中，有7个城市得分出现减少；得分增长前三的城市是徐州、苏州和济南，分别增长2.55分、0.74分和0.65分。具体见表8-2。

表8-2 华东地区 CIEFI 7 "双创"金融资源供给丰富度排名前20强得分与排名变化情况

城市	本期综合得分	本期国内排名	得分变化	排名变化
上海市	23.21	2	▼0.31	—
杭州市	20.87	4	▼0.09	—
苏州市	20.05	5	▲0.74	▲2
宁波市	19.95	7	▲0.43	▼1
南京市	19.38	8	▲0.24	
济南市	18.31	13	▲0.65	▲2
嘉兴市	17.72	14	▲0.42	▲5
厦门市	17.60	15	▲0.59	▲6
无锡市	17.44	16	▼0.04	
福州市	17.38	18	▲0.51	▲4
合肥市	17.36	19	▲0.12	▲1
青岛市	17.14	22	▼0.23	▼4
常州市	16.46	24	▲0.13	—
绍兴市	15.67	28	▼0.05	▲1

表8-2(续)

城市	本期综合得分	本期国内排名	得分变化	排名变化
南通市	15.48	30	▼0.03	▲3
湖州市	15.47	31	▲0.07	▲3
徐州市	15.36	32	▲2.55	▲22
台州市	15.14	35	▲0.26	▲2
南昌市	14.84	37	▼0.94	▼9
烟台市	14.67	39	▲0.58	▲5

华东地区"双创"金融资源支持力度持续领跑全国。在本期指数评价中，华东地区的"双创"金融资源供给丰富度得分为12.10分，同比增加0.16分，在全国区域中排第1名，较区域排第2名的华南多出2.96分，比全国平均水平高3.44分。区域内分别有多个城市进入全国"双创"金融资源供给丰富度前十强（5个城市）、前百强（51个城市）。华东地区已成功培育集聚一批高质量高水平的金融机构，包括股份制银行交通银行和浦东发展银行等、知名券商国泰君安和华泰证券等、大型保险机构太平洋保险和知名外资保险机构友邦保险等，还设有上海证券交易所、上海期货交易所和6家区域股权交易市场和其他众多交易场所，以及众多较为专业的地方金融组织，如安徽省信用融资担保集团、黑石（上海）私募基金和远东国际融资租赁等，形成了较为完善的多层次金融服务实体经济体系，所提供的金融产品能够覆盖域内企业的全生命周期融资需求，为创新创业活动提供了优越的发展土壤。

两大经济强省稳居供给丰富度前三。浙江和江苏两省本期百强城市供给丰富度平均得分保持全国第1名和第3名，分别达到14.93分和14.68分，同比下降0.33分和上升0.51分，分别拥有单项上榜城市9个和12个。福建、江西、山东和安徽四省本项指数评价得分表现也居全国前列，本期百强城市供给丰富度平均得分分别为14.27分、12.96分、12.71分和12.19分，分别排全国第4名、第6名、第7名和第8名，分别同比上升0.53分、上升 0.61 分、上升 0.46 分和下降 0.32 分。其中福建、江西两省得分大幅上升，是由于其信贷供给和证券市场供给增长较快，其中福建 2022 年新增贷款余额达到 7 018.71 亿元、债券融资规模达到 23 313.43 亿元；江西新增贷款余额达到 5 585.2 亿元、债券融资规模达到 9 518.94 亿元。

华东区域领先城市直接融资行为较为活跃。上海、杭州、苏州、宁波和南京在"双创"金融资源供给丰富度得分中列全国前十强，其中苏州本期指数评价得分上升幅度最大，是源于其新增贷款余额、股票融资规模和债券融资规模大幅上升。2022 年，苏州新增贷款余额 7 420.46 亿元、股票融资规模 734.38 亿元、债券融资规模 7 310.69 亿元，分别同比上涨39.8%、104% 和 20.19%。区域内多数第二梯队城市直接融资活跃度相对较高，其中南京、杭州和福州三城的股票融资规模和债券融资规模都超过万亿元，分别达到 17 966.04 亿元、16 107.73 亿元和 15 867.79 亿元，跻身全国城市股票融资规模和债券融资规模前十强行列。具体见图 8-2。

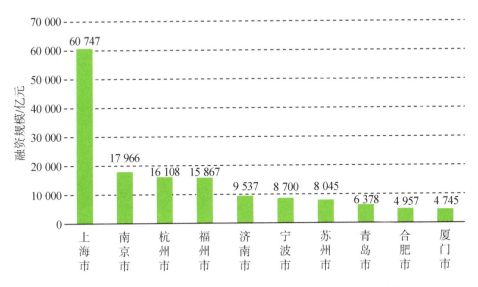

图 8-2　华东地区股票融资规模和债券融资规模排名前十强城市

➡ 8.3 地区多数城市金融服务有效度得分下滑，浙江表现相对最优

华东地区本期共有50个城市跻身全国"双创"金融服务有效度排名百强榜单，排名前十强的城市依次是上海、杭州、苏州、宁波、南京、青岛、合肥、无锡、厦门和济南。

华东地区本期"双创"金融服务有效度分指数得分呈现小幅下滑态势，区域内仅有24个城市实现得分上升，有53个城市得分下滑。在地区排名前20强中，得分增长幅度相对较大的有杭州、湖州和温州，跌幅较大的城市为无锡、常州和南京。具体见表8-3。

表8-3 华东地区 CIEFI 7 "双创"金融服务有效度排名前20强得分与排名变化情况

城市	本期综合得分	本期国内排名	得分变化	排名变化
上海市	23.99	2	▲0.45	—
杭州市	20.59	4	▲1.42	▲7
苏州市	20.28	5	▼0.43	▼1
宁波市	20.02	9	▼0.01	▼3
南京市	18.86	13	▼0.70	▼5
青岛市	18.56	15	▲0.41	▲1
合肥市	18.55	16	▲1.00	▲4
无锡市	18.17	17	▼1.14	▼7
厦门市	18.14	18	▲0.52	—
济南市	17.48	21	▼0.04	—
福州市	17.28	22	▲0.06	▲1
常州市	17.28	23	▼0.93	▼8
嘉兴市	17.25	24	▲1.11	▲5
绍兴市	16.99	26	▲1.14	▲8
南通市	16.84	27	▼0.41	▼5
温州市	16.83	28	▲1.36	▲9
台州市	16.69	29	▲0.34	▼1

表8-3（续）

城市	本期综合得分	本期国内排名	得分变化	排名变化
烟台市	16.66	30	▲0.30	▼3
湖州市	15.98	34	▲1.38	▲15
金华市	15.70	36	▲0.97	▲9

华东区域"双创"金融服务有效度领先幅度扩大。在本期指数评价中，华东地区"双创"金融服务有效度得分为13.06分，同比下降0.31分，在全国区域中排第1名，比区域排第2名的华中地区高2.81分，比全国平均水平高4.22分，领先分值高于上期。区域内有4个城市进入全国排名前十强，有50个城市进入全国前百强。得益于华东地区浓厚的产业发展氛围和雄厚的金融服务实力，已成功培育大批优秀的实体企业，区域内各类优质主体数量占全国比重都超过四成。其中，高新技术企业数量达到16.40万家，占全国总数的41%；"专精特新"企业数量达到4 074家，占全国总数的43%；重点"小巨人"企业数达到867家，占全国总数的44%；A股上市公司数量达到2 404家，占全国总数的48%；新三板挂牌企业数量达到2 860家，占全国总数的44%。具体见图8-3。

图8-3 华东地区A股上市公司数量排名前十强城市

区域内经济强省企业抗压能力有所分化。浙江、江苏和山东三大经济强省本期金融服务有效度得分分别为15.67分、14.78分和13.34分,同比上升0.83分、下降1.02分和下降0.07分;福建、安徽和江西得分分别为12.21分、11.21分和10.42分,同比下降0.52分、0.31分和0.83分。江苏本期得分下滑较为严重,且省内所有城市得分及排名皆有所下滑,主要原因是辖区内A股上市公司市值大幅下滑,由2021年的74 814.92亿元下滑至2022年的65 039.86亿元,且高新技术企业数量增幅不如其他省份。在本期金融服务有效度指数得分中,区域省份中仅有浙江实现得分有所提升,区域城市中仅宁波得分略有下滑,其余城市得分均实现大幅提升。具体见图8-4。

图8-4 华东地区A股上市公司市值排名前十强城市

杭州、合肥两大"新一线"城市奋起直追。杭州及合肥在本期金融服务有效度得分表现优异,得分分别达到20.59分和17.55分,分别同比上升1.42分和1分,全国排名上升7位和4位。在过去的一年中,两个城市的高新技术企业认定数量都获得较大提升,2023年6月底,杭州和合肥高新企业数量分别达到12 762家和6 460家,同比增加2 523家和1 873家,同期增幅与区域领头羊城市上海(同比增加2 319家)相当。尤其是作为华东区域第二梯队城市之首的杭州，在上期高新企业数量落后于江苏的苏州超过 1 000 家，在本期已成功将差距缩小至 1 000 家以内。具体参见图 8-5。

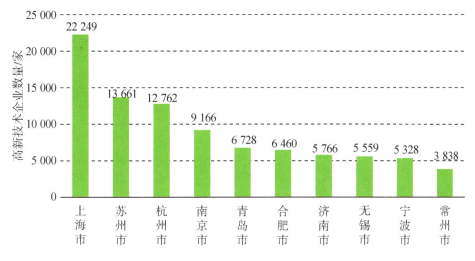

图 8-5　华东地区高新技术企业数量排名前十强城市

➡ 8.4　地区金融政策支持度遥遥领先，金融资源供给分布较为均衡

华东地区本期共有 51 个城市跻身全国"双创"金融政策支持度排名百强榜单，排名前十强的城市依次是杭州、上海、苏州、南京、青岛、合肥、济南、宁波、南昌和福州。

华东地区本期整体"双创"金融政策支持度得分整体保持增长，地区中有 52 个城市得分实现正增长，25 个城市得分有所下滑。在地区排名前 20 强中，得分增长较多的是烟台，下滑幅度较大的是温州。具体见表 8-4。

表 8-4　华东地区 CIEFI 7 "双创"金融政策支持度排名前 20 强得分与排名变化情况

城市	本期综合得分	本期国内排名	得分变化	排名变化
杭州市	22.65	3	▲0.26	—
上海市	21.89	7	▼0.23	▼2

表8-4(续)

城市	本期综合得分	本期国内排名	得分变化	排名变化
苏州市	20.92	11	▲0.09	▼1
南京市	20.47	12	▲0.40	—
合肥市	19.83	15	▲0.02	—
青岛市	19.75	16	▼0.31	▼3
宁波市	18.64	18	▼0.01	—
济南市	18.61	19	▼0.36	▼2
无锡市	18.16	22	▲0.09	▲2
南昌市	17.97	23	▼0.42	▼1
厦门市	17.89	24	▲0.08	▲3
福州市	17.81	25	▼0.27	▼2
南通市	16.70	31	▲0.30	▲5
常州市	16.59	33	▼0.47	▼2
烟台市	16.10	36	▲4.47	▲26
温州市	16.01	37	▼0.85	▼5
泉州市	15.74	38	▲0.07	▲1
徐州市	15.67	39	▲0.08	▲2
嘉兴市	15.44	42	▼0.64	▼4
赣州市	15.29	43	▼0.07	▼1

华东地区区域"双创"金融政策支持力度依然走在全国前列。在本期指数评价中，华东地区"双创"金融政策支持度得分为12.47分，同比增加0.9分，在国内地区中排第1名，比排第2名的华中地区高出3.37分，比全国平均水平高4.21分。虽然区域整体得分较高，但仅有杭州、上海进入本项全国十强，有51个城市进入全国百强行列。华东地区各省市地方政府高度重视对"双创"活动的金融政策支持，自2014年以来不断提升支持水平，现已搭建出全国最强的金融支持体系。截至2022年6月底，区域内有77个城市累计政府引导基金目标规模达到3.15万亿元，同比增加0.52万亿元，地方融资担保机构总数达到1 267家，区域内国家级众创空间和国家级科技孵化器数量分别达到932家和707家。具体见图8-6。

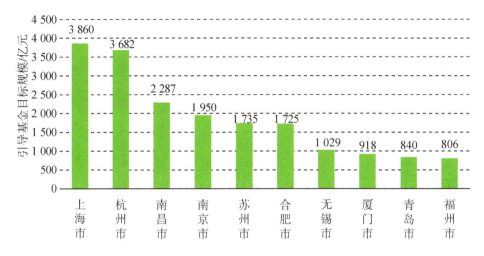

图 8-6 华东地区政府引导基金目标规模排名前十强城市

区域内各省市金融政策支持力度分布较为均衡。区域内各省市金融政策支持度分指数得分分别为：上海 21.89 分、江苏 15.38 分、浙江 14.44分、山东 13.38 分、福建 11.91 分、江西 10.02 分、安徽 8.77 分，仅有上海本期得分呈下降趋势，下降了 0.23 分，其余各省分别上升 1.05 分、0.12分、1.99 分、0.42 分、0.23 分和 0.04 分。区域内各省市高度重视各类创新创业活动的金融政策支持，六个省市仅有福建和山东各有一个地级市未成立政府引导基金，且区域内所有城市都设有地方融资担保机构以及国家级众创空间或国家级科技孵化器，因此华东地区每个省都有至少一个城市进入本项排名全国前 25 强。江苏和浙江得分较为突出源于其拥有的政府引导基金目标规模较大。截至 2023 年 6 月底，江苏省政府引导基金目标规模达到 7 187.26 亿元、浙江达到 6 494.63 亿元，在国内仅次于广东，得分排第 2 名和第 3 名，其中浙江杭州的政府引导基金目标规模达到 3 682.32 亿元，占全省比重超过 50%，规模水平与上海较为相近。

对金融支持政策的市场关注度稍降但政府热情不减。本期华东各城市的政策关注度整体有所下滑，区域内政策关注度较高的城市在 2023 年 6 月底皆遇见了"寒潮"。与上期相比，"双创"金融支持政策关注度较高的上海、杭州等头部城市都出现了不同程度的下滑,其中济南下滑幅度较大,南昌的政策关注度基本维持不变。"双创"金融支持政策关注度虽有所下滑,但各地政府仍不留余力地提升专项政策内容支持供给,以期减少经济等因素对市场"双创"意愿的影响。区域内所有主要城市的专项政策内容支持文本数量均有增加,其中本项得分在区域排第1名的城市杭州增加了1 116条政策文本,苏州增加了1 302条政策文本。具体见图8-7和图8-8。

图8-7 华东地区"双创"金融支持政策关注度排名前十强城市

图8-8 华东地区专项政策内容支持文本数量排名前十强城市

→ 8.5 地区金融环境承载度保持一流,"新一线"城市更受人才青睐

华东地区本期有43个城市跻身全国"双创"金融环境承载度排名百强榜单,排名前十强的城市依次是杭州、南京、合肥、苏州、青岛、宁波、济南、上海、南昌和福州。

2022年,疫情虽然继续肆虐,但本期华东地区绝大多数城市已积极做好应对工作,因此大部分城市的"双创"金融环境承载度得分已止跌回升,地区中有40个城市得分回升,37个城市得分下滑。在区域排名前20强城市中,仅有两个城市得分下滑,其中上海下滑幅度较大。具体见表8-5。

表8-5 华东地区 CIEFI 7 "双创"金融环境承载度排名前 20 强得分与排名变化情况

城市	本期综合得分	本期国内排名	得分变化	排名变化
杭州市	22.91	1	▲1.01	▲6
南京市	22.06	6	▲0.77	▲3
合肥市	21.85	7	▲1.26	▲7
苏州市	21.80	8	▲0.46	—
青岛市	21.20	12	▲0.25	▼1
宁波市	20.98	14	▲0.65	▲2
济南市	20.69	15	▲0.09	▼2
上海市	20.34	17	▼2.47	▼16
南昌市	20.18	18	▲0.61	▲5
福州市	20.11	21	▲0.01	▼2
温州市	19.86	22	▲0.20	—
厦门市	19.76	25	▲0.36	▲1
无锡市	19.58	26	▲0.06	▼1
泉州市	19.53	28	▲0.37	▲1
潍坊市	19.36	31	▲0.92	▲7
南通市	19.13	32	▲0.48	▲3

表8-5(续)

城市	本期综合得分	本期国内排名	得分变化	排名变化
常州市	19.00	33	▼0.03	▼2
嘉兴市	18.86	34	▲0.21	▲2
台州市	18.64	35	▲0.16	▲2
芜湖市	18.53	38	▲0.76	▲7

华东地区金融环境承载度保持领先。在本期指数评价中,华东地区的"双创"金融环境承载度得分为16.88分,同比增加0.01分,在全国区域中排第1名,比区域排第2名的华中高1.22分,比全国平均水平高2.12分。区域中有9个城市进入全国20强排名,有43个城市进入全国百强排名。疫情和外部经济与政治冲击影响了华东人民的创新创业热情,2022年区域新设市场主体数量总和达到942.5万家,同比下降约20%,占全国比重达到32.5%,同比下降超过8个百分点,且区域人口净流入51.43万人,同比下降。但华东地区的新增发明专利授权量和SCI论文发表数量都实现了大幅上升,2022年的新增数量分别达到28.24万件和49.52万篇,同比增长19.25%和252%。具体参见图8-9、图8-10、图8-11。

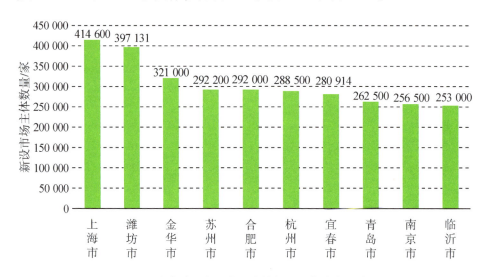

图8-9 华东地区新设市场主体数量排名前十强城市

图 8-10 华东地区新增发明专利授权量排名前十强城市

图 8-11 华东地区常住人口及净流入规模排名前十强城市

各省金融环境承载能力走向有所不同。本期华东区域金融环境承载度得分几乎没有变动,域内省份得分变动程度却有所不同,其中江苏、福建分别得分 18.27 分和 16.77 分,同比下滑 0.10 分和 0.21 分,浙江、山东、江西和安徽得分分别为 18.20 分、16.89 分、15.74 分和 15.49 分,同比上涨 0.02 分、0.02 分、0.48 分和 0.05 分。江苏和福建两省得分总体下滑是因为省内第三梯队城市本项得分下滑,江苏和福建分别有 7 个和 5 个城市本项得分有所下滑,拖累了省份整体得分表现。

第二梯队城市人才集聚能力突出。区域内第二梯队城市杭州以 22.91 分获得本期金融环境承载度得分第 1 名,同比增加 1.01 分,排名上升 6 位,其 2022 年人口净流入达到 17.2 万人,排全国第 2 名。区域内其他第二梯队城市如苏州、青岛、合肥、宁波和南京等也保持了人口净流入趋势,其中合肥 2022 年人口净流入达到 16.90 万人,排全国第 3 名,区域内常住人口第二多的城市苏州则有 6.32 万人口净流入。

9 华中地区"双创"

金融发展比较分析

按照行政区划分类，华中地区包括河南省、湖北省和湖南省。本报告研究评价样本城市涵盖该地区 44 个地级及以上级别城市。

→ 9.1 整体综合表现稳定提升，三大省会城市在各自省份领跑

本期进入全国"双创"金融发展综合指数得分排名百强榜的华中城市达到了 13 个，分别是武汉、长沙、郑州、洛阳、宜昌、株洲、襄阳、新乡、湘潭、岳阳、南阳、常德和荆州。其中，武汉、长沙、郑州进入全国排名前 20 强，分别排在全国第 8 名、第 13 名和第 17 名。

华中地区城市本期"双创"金融发展综合指数整体得分较上期有所提升。在该地区 44 个城市中，30 个城市综合得分实现增长，14 个城市综合得分出现减少。其中，在地区综合 20 强中，黄冈、南阳、荆州、湘潭得分增长最为明显。

华中地区"双创"金融发展超过全国平均水平。本期华中地区 44 个城市的"双创"金融发展综合指数得分为 43.72 分，超出全国平均得分 3.2 分。华中地区进入"双创"金融发展全国百强的城市有 12 个，占地区地级城市数量的 27%，百强城市数在全国各区域中仅次于华东地区。

华中地区三大省会城市"双创"金融发展遥遥领先于区域内其他城市。武汉、长沙、郑州三地基本巩固地区领导地位，呈现三足鼎立态势。在本期排名中，武汉"龙头"地位依旧稳固，综合排名列全国第 8 名，较上期下滑 1 个位次。长沙紧随其后，较上期下滑 2 个位次，排第 13 名。郑州排名较上期上升 2 位，排第 17 名。其他城市均未进入全国 50 强行列，地区排在第 4 名的洛阳，落后郑州 39 个位次，仅排第 56 名。

长江中游城市群发展潜力大。在华中地区排名前 20 强中，有 13 个长江中游城市且排名趋于前列，分别是武汉、长沙、宜昌、株洲、襄阳、湘潭、岳阳、常德、衡阳、益阳、荆门、黄冈和孝感。其中黄冈表现突出，本期排

名上升 31 个位次, 跻身华中地区排名前 20 强、全国第 121 名。具体见表 9-1。

表 9-1 华中地区 CIEFI 7 综合排名榜前 20 强得分与排名变化情况

城市	本期综合得分	本期国内排名	得分变化	排名变化
武汉市	82.17	8	▼0.56	▼1
长沙市	79.40	13	▲1.32	▼2
郑州市	76.14	17	▲2.17	▲2
洛阳市	56.71	56	▲0.15	—
宜昌市	56.13	62	▲3.37	▲5
株洲市	54.46	67	▲0.36	▼5
襄阳市	51.51	71	▲0.09	▲1
新乡市	50.89	75	▲2.91	▲11
湘潭市	50.87	76	▲3.10	▲13
岳阳市	48.61	89	▲0.17	▼6
南阳市	48.01	94	▲3.79	▲14
常德市	47.79	95	▲1.91	▲1
荆州市	46.57	99	▲2.99	▲14
衡阳市	45.07	111	▼0.38	▼10
益阳市	44.11	116	▲2.12	▲11
荆门市	43.55	118	▲0.36	▼1
许昌市	43.14	120	▲0.55	▲1
黄冈市	43.07	121	▲3.41	▲31
十堰市	42.83	123	▲2.14	▲20
孝感市	42.56	124	▲2.71	▲24

→ 9.2 金融资源供给机制进一步完善，武汉、长沙优势凸显

华中地区本期共有 10 个城市跻身全国"双创"金融资源供给丰富度排名百强榜单, 分别是武汉、长沙、郑州、宜昌、株洲、洛阳、湘潭、荆州、

襄阳和常德。其中,武汉和长沙进入全国排名前 20 强,分别排全国第 11 名和第 12 名。

华中地区多数城市本期"双创"金融资源供给丰富度分指数得分实现增长。华中地区 44 个城市中有 26 个城市的"双创"金融资源供给丰富度得分上升,18 个城市得分减少。在地区分指数得分排名前 20 强城市中,得分增长前三的城市是荆州、湘潭、益阳,分别增长 2.66 分、2.54 分和 1.97 分。具体见表 9-2。

表 9-2　华中地区 CIEFI 7 "双创"金融资源供给丰富度排名前 20 强得分与排名变化情况

城市	本期综合得分	本期国内排名	得分变化	排名变化
武汉市	18.47	11	▼0.20	—
长沙市	18.47	12	▲0.06	—
郑州市	16.49	23	▲0.53	▲3
宜昌市	12.85	56	▲0.78	▲5
株洲市	12.45	58	▼0.33	▼3
洛阳市	12.02	68	▲0.70	▲3
湘潭市	11.47	75	▲2.54	▲41
荆州市	10.92	83	▲2.66	▲57
襄阳市	10.08	96	▼0.16	▼9
常德市	9.98	100	▲1.37	▲27
岳阳市	9.88	103	▲1.28	▲25
新乡市	9.83	105	▲1.79	▲43
黄石市	9.52	115	▲1.27	▲27
孝感市	9.45	119	▲0.75	▲4
十堰市	9.30	123	▲1.41	▲30
益阳市	9.26	124	▲1.97	▲48
南阳市	9.23	125	▲1.82	▲45
荆门市	8.88	132	▼0.97	▼43
平顶山市	8.54	140	▼0.20	—
许昌市	8.43	143	▲0.06	—

武汉信贷资源供给丰富度保持地区领跑。本期武汉和长沙"双创"金融资源供给丰富度得分小幅增长，分别排在全国第11名和第12名，在华中地区大幅领跑。郑州排名较上期提升3个位次，列全国第23名，与武汉、长沙的得分差距有所缩小。从信贷资金供给丰富度来看，华中地区信贷资金供给主要发生在三大省会城市。其中，武汉2022年新增贷款余额达到3 558亿元，同期长沙和郑州分别为3 448亿元和2 618亿元，三者在各自省份内遥遥领先。具体见图9-1。

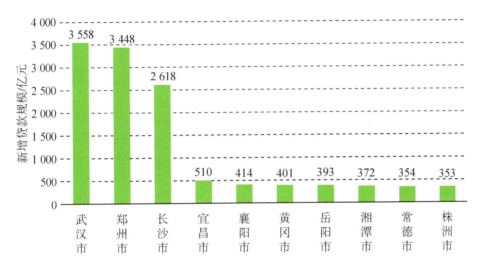

图9-1　华中地区2022年新增贷款规模排名前十强城市

2022年，华中地区共有21个城市实现境内股票市场融资，较上期减少10个。其中武汉融资规模超过长沙，达到218亿元，列华中地区第1名。与此同时，武汉债券融资规模也超过长沙，列华中地区第1名，融资规模为8 683亿元，长沙债券融资规模为7 090亿元。具体见图9-2和图9-3。

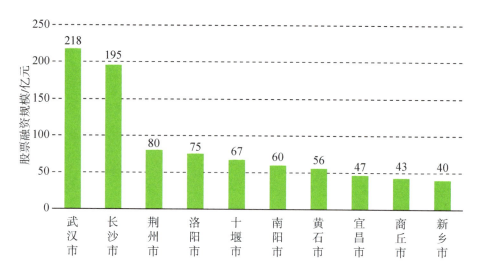

图 9-2　华中地区 2022 年股票融资规模排名前十强城市

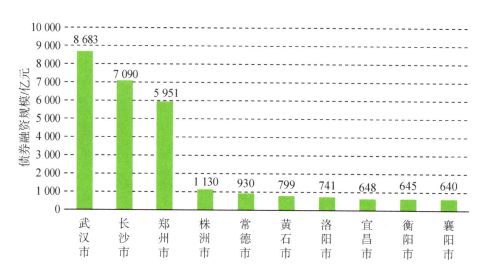

图 9-3　华中地区 2022 年债券融资规模排名前十强城市

2022 年,华中地区私募股权市场规模整体较上年有较大幅度下滑,其中长沙私募股权市场规模达到 258.2 亿元,而长沙 2021 年私募股权投资规模 1 024.39 亿元。排名地区第二和第三的郑州和武汉,私募股权市场规模分别达到 212.81 亿元和 201.13 亿元,整体较 2021 年也有大规模下滑。具体见图 9-4。

图9-4　华中地区2022年私募股权投资活动排名前十强城市

9.3 "双创"金融服务有效度得分整体回落,"专精特新"企业数量减少

华中地区本期共有15个城市跻身全国"双创"金融服务有效度得分排名百强榜单,排名前十强的城市依次是武汉、长沙、郑州、株洲、宜昌、新乡、洛阳、襄阳、许昌和焦作。其中,武汉跻身全国前十强,排第10名,长沙、郑州跻身全国排名前20强,分别排第14名、第20名。

华中地区"双创"金融服务有效度分指数得分整体出现下滑,地区平均得分较上期减少0.95分。37个城市得分下滑,仅有7个城市得分上升。在地区排名前20强中,得分增长相对明显的有新乡和郑州。具体参见表9-3。

表9-3 华中地区 CIEFI 7"双创"金融服务有效度排名前 20 强得分与排名变化情况

城市	本期综合得分	本期国内排名	得分变化	排名变化
武汉市	19.44	10	▼0.64	▼5
长沙市	18.79	14	▲0.12	—
郑州市	17.62	20	▲0.55	▲5
株洲市	14.12	48	▲0.15	▲11
宜昌市	13.95	51	▼0.50	▲1
新乡市	13.58	57	▲0.64	▲18
洛阳市	13.46	58	▼0.48	▲2
襄阳市	12.71	64	▼1.29	▼6
许昌市	12.18	76	▼0.35	▲7
焦作市	11.85	87	▲0.12	▲16
岳阳市	11.82	88	▼0.87	▼10
南阳市	11.79	90	▼0.18	▲7
湘潭市	11.77	91	▼0.35	▲2
常德市	11.55	97	▼0.93	▼12
益阳市	11.46	99	▼0.52	▼3
荆州市	11.34	101	▼1.48	▼25
黄石市	10.90	109	▼0.71	▼1
衡阳市	10.90	110	▼0.73	▼3
黄冈市	10.30	118	▼1.61	▼19
荆门市	10.26	120	▼2.08	▼32

武汉科创企业培育成效一枝独秀。武汉本期排名跻身全国第一梯队，列全国第 6 名，远超同期的长沙和郑州。近年来，武汉积极出台"双创"金融相关支持政策，引导金融服务地区创新创业发展，在科创企业培育方面表现突出。截至 2023 年 6 月底，武汉市拥有国家高新技术企业 12 466 家，总量排全国第 6 名、华中地区第 1 名。在"专精特新"企业数量方面，本期华中地区整体较上年有大幅减少，武汉"专精特新"企业数量由上一年的 887 家减少到 207 家，郑州、长沙等市"专精特新"企业数量也出现不同程度减少。具体见图 9-5 和图 9-6。

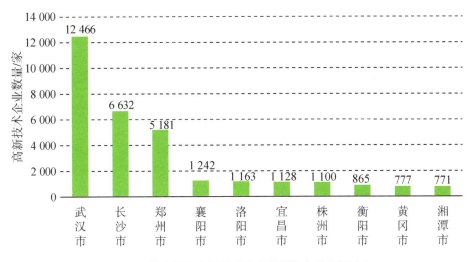

图 9-5　华中地区高新技术企业数量排名前十强城市

图 9-6　华中地区"专精特新"企业数量排名前十强城市

　　长沙上市公司培育成效力压武汉。无论是上市公司数量还是上市公司市值规模，长沙在华中地区均排第 1 名。2022 年底，长沙 A 股上市公司达到 84 家，年末市值规模达到 11 013 亿元，是华中地区唯一一个 A 股市值超万亿元的城市。武汉仅次于长沙，2022 年底共有 76 家 A 股上市公司，市值规模 6 808 亿元。华中地区其他城市 A 股市值规模均与长沙、武汉差距悬殊。具体见图 9-7。

图 9-7 华中地区上市公司数量及市值排名前十强城市

新三板挂牌企业方面武汉一马当先。截至 2022 年底，华中地区新三板挂牌企业总数为 333 家，较上期减少了 297 家。其中在三大省会城市中，武汉市新三板挂牌企业数均超过百家，达到 162 家，郑州市和长沙市新三板挂牌企业数分别为 98 家和 73 家。在新三板挂牌企业市值规模方面，武汉优势显著，2022 年达 444 亿元。相对来说，黄冈、郑州与武汉的差距明显，两者规模分别为 196 亿元和 190 亿元。具体见图 9-8。

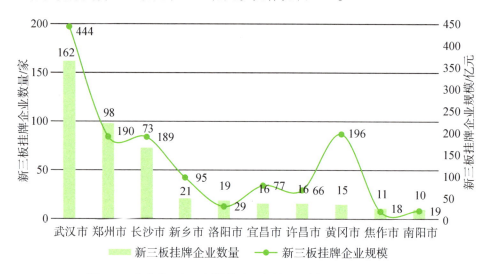

图 9-8 华中地区新三板挂牌企业数量及规模排名前十强城市

➡ 9.4 "双创"金融政策支持力度加大,武汉、郑州、长沙表现优异

华中地区本期共有11个城市跻身全国"双创"金融政策支持度排名百强榜单,依次是武汉、郑州、长沙、洛阳、宜昌、湘潭、襄阳、株洲、岳阳、常德和新乡。

华中地区多数城市继续加码"双创"金融支持政策。在华中地区本期44个城市中,有30个城市"双创"金融政策支持度得分实现正增长;地区共11个城市进入全国排名百强榜单,整体"双创"金融政策支持度得分表现优异。其中,武汉、郑州、长沙均跻身全国排名前20强行列。具体见表9-4。

表9-4 华中地区 CIEFI 7 "双创"金融政策支持度排名前20强得分与排名变化情况

城市	本期综合得分	本期国内排名	得分变化	排名变化
武汉市	21.89	8	▲0.19	▼1
郑州市	20.44	13	▲0.32	▼2
长沙市	19.95	14	▲0.03	—
洛阳市	13.11	59	▼0.58	▼8
宜昌市	11.88	69	▲1.08	▲2
湘潭市	11.70	71	▲0.35	▼5
襄阳市	11.69	72	▲1.11	▲2
株洲市	11.67	73	▼0.06	▼13
岳阳市	11.25	82	▼0.36	▼19
常德市	10.79	93	▲0.49	▼14
新乡市	10.55	95	▼0.32	▼26
衡阳市	9.96	102	▲0.93	▲3
南阳市	9.86	104	▲0.61	▼6
荆门市	9.42	111	▲2.27	▲47
黄冈市	9.39	113	▲2.58	▲55

表9-4(续)

城市	本期综合得分	本期国内排名	得分变化	排名变化
咸宁市	9.26	116	▲1.88	▲35
郴州市	9.16	119	▲0.01	▼18
益阳市	8.89	129	▲0.70	▼4
邵阳市	8.78	131	▲0.24	▼17
焦作市	8.35	142	▼0.50	▼35

区域头部城市"双创"金融支持政策关注度持续升温。在"双创"金融支持政策搜索热度方面,郑州、武汉、长沙三者基本体现了自身作为省会城市以及区域中心城市应有的热度水准。在本期报告中,武汉的"双创"金融支持政策百度搜索热度指数得分在华中地区最高,郑州、长沙紧随其后。在实际已发布政策文本内容的"双创"金融关键词检索条目数量方面,华中地区武汉和长沙表现最好,检索条目总数分别达到了2 578条和2 479条,分别位列地区前二名。相对来说,郑州的表现有较大差距,相关政策内容关键词检索条目数仅有长沙的41%。具体见图9-9和图9-10。

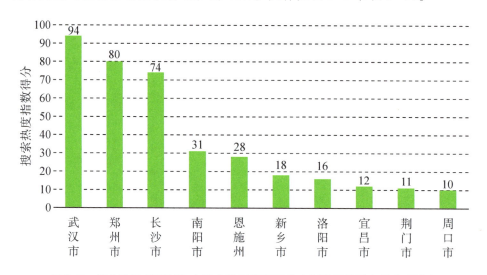

图9-9　华中地区"双创"金融支持政策搜索热度指数得分排名前十强城市

图 9-10 华中地区"双创"金融支持政策内容关键词检索条目数排名前十强城市

在政府引导基金投入方面,郑州与武汉表现相近。截至 2023 年 6 月底,根据清科数据库发布的统计数据,郑州已公布的政府引导基金目标规模达 3 366 亿元。武汉紧随其后,政府引导基金目标规模达 2 750 亿元。相对来说,长沙的表现与武汉、郑州有一定差距,当前公布的政府引导基金目标规模为 1 384 亿元,不到武汉、郑州的一半。具体见图 9-11。

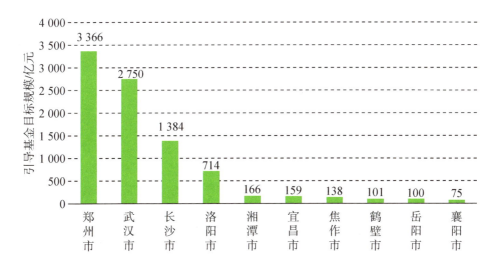

图 9-11 华中地区"双创"政府引导基金目标规模排名前十强城市

华中地区创新载体平台资源主要集中在三大省会城市。截至 2023 年 6 月底，华中 44 市合计拥有 229 家国家级众创空间、198 家国家级科技孵化器，超过一半以上布局在武汉、长沙和郑州。其中，武汉拥有国家级众创空间 60 家、国家级科技孵化器 53 家，郑州和长沙则分别拥有国家级众创空间 45 家和 30 家，国家级科技孵化器 30 家和 17 家。

➜ 9.5 金融环境承载度全国排第二，武汉、长沙、郑州人口虹吸效应明显

华中地区本期有 16 个城市跻身全国"双创"金融环境承载度排名百强榜单，较上期增加 8 个，城市排名依次是武汉、长沙、郑州、洛阳、宜昌、南阳、襄阳、新乡、商丘、荆州、株洲、焦作、十堰、湘潭、许昌、安阳。

在本期指数评价中，华中地区的"双创"金融环境承载度平均得分为 15.67 分，在全国区域中排第 2 名，仅次于华东地区，比全国平均水平高 0.91 分。

武汉"双创"金融环境承载度达到全国领先水平。武汉较上期排名上升 2 个位次，本期升至全国第 3 名。长沙排第 4 名，较上期排名上升 6 位。郑州排名上升 3 位，排第 9 名。从整体来看，华中地区"双创"金融环境整体发展主要靠地区核心城市带动发展。除武汉、长沙、郑州三大省会城市外，地区其他城市"双创"金融环境承载度能级与地区头部城市有显著差距。具体见表 9-5。

表 9-5 华中地区 CIEFI 7 "双创"金融环境承载度排名前 20 强得分与排名变化情况

城市	本期综合得分	本期国内排名	得分变化	排名变化
武汉市	22.37	3	▲0.10	▲2
长沙市	22.19	4	▲1.11	▲6

表9-5（续）

城市	本期综合得分	本期国内排名	得分变化	排名变化
郑州市	21.60	9	▲0.77	▲3
洛阳市	18.12	46	▲0.51	▲3
宜昌市	17.46	55	▲2.01	▲62
南阳市	17.14	61	▲1.54	▲48
襄阳市	17.03	63	▲0.42	▲12
新乡市	16.93	68	▲0.80	▲18
商丘市	16.67	75	▲1.75	▲62
荆州市	16.26	91	▲1.36	▲48
株洲市	16.22	92	▲0.59	▲15
焦作市	16.19	93	▲0.02	▼10
十堰市	16.00	96	▲1.73	▲71
湘潭市	15.92	98	▲0.55	▲21
许昌市	15.92	99	▲0.22	▲4
安阳市	15.90	100	▲1.04	▲41
黄冈市	15.87	102	▲1.74	▲74
衡阳市	15.83	105	▼0.32	▼21
岳阳市	15.66	113	▲0.12	▼2
平顶山市	15.52	121	▲0.47	▲9

在创业环境活跃度方面，三大省会城市继续领跑华中地区。从整体来看，郑州、武汉、长沙三地创业活跃度继续保持较高水平，三地市场主体数均超过30万家规模。其中，郑州新设市场主体总量在地区内排第1名，2022年全年新设市场主体数达到39.8万家；武汉、长沙紧随其后，全年新增35.3万家和33.3万家，与郑州差距不大。在新增商标注册方面，郑州地区市场优势明显，2022年新增商标注册量达到9.3万件，远超同期的长沙和武汉。不过，三地新增商标注册量较上年均有较大幅度下滑，郑州、长沙、武汉分别同比减少了32%、17%和15%。具体见图9-12和图9-13。

图 9-12　华中地区新设市场主体数排名前十强城市

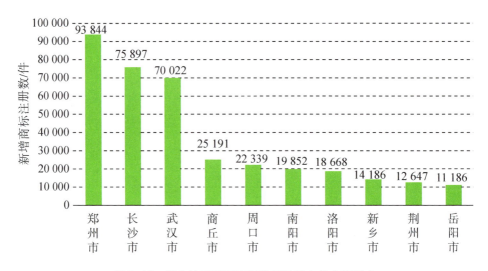

图 9-13　华中地区新增商标注册数排名前十强城市

　　武汉"双创"金融创新环境地区比较优势显著。2022 年,武汉全年新增发明专利授权量 23 658 件,是同期长沙和郑州的总和,以绝对优势领先于华中其他城市。武汉、长沙、郑州三地新增专利发明授权量较上年度有所提升,分别同比增长了 28%、22% 和 9%。具体见图 9-14。

图 9-14　华中地区新增发明专利授权量排名前十强城市

2022 年长沙人口净流入规模全国第一。作为首位度相对较高的三大中部省会，武汉、郑州和长沙吸引了来自全省的创新创业人才和金融资源，2022 年三市常住人口规模分别达到 1 374 万人、1 283 万人和 1 042 万人。与此同时，三市常住人口持续保持净流入状态。其中，长沙全年常住人口净流入 18 万人，排名全国第一；武汉和郑州常住人口全年均净增长 9 万人。值得注意的是，除三大省会城市外，华中地区人口整体呈现净流出态势，2022 年地区常住人口净流出 22 万人，其中开封市净流出规模达到 9 万人。具体见图 9-15。

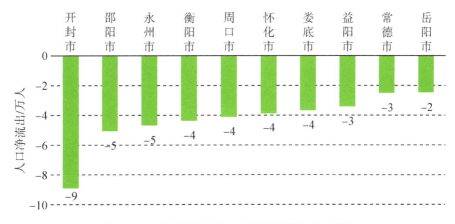

图 9-15　华中地区常住人口净流出排名前十城市

10 华南地区"双创"
金融发展比较分析

按照行政区划分类，华南地区包括广东省、广西壮族自治区、海南省、香港特别行政区、澳门特别行政区。本报告研究评价样本城市涵盖该地区39个地级及以上级别城市，不含香港特别行政区和澳门特别行政区。

➡ 10.1 金融发展综合水平相对稳定，深圳、广州全国领先

本期进入全国"双创"金融发展综合指数得分排名百强榜的华南城市达到了13个，按排名依序分别是深圳、广州、佛山、东莞、珠海、南宁、海口、中山、惠州、江门、柳州、汕头和肇庆。其中，深圳、广州进入全国排名前十强，分别排在全国第3名和第7名。

华南地区城市本期"双创"金融发展综合指数整体得分较上期小幅增加，地区平均得分141.91分，较上期增加0.34分。在本地区39个城市中，21个城市综合得分出现正增长，18个城市综合得分出现下滑。

在华南地区，广东省"双创"金融发展一家独大。在华南三个省份中，广东省有15个城市进入地区排名前20强，其中珠三角城市群成员城市全部进入地区排名前20强。而同期广西和海南分别只有3个和2个城市进入华南地区排名前20强榜单。具体见表10-1。

表10-1 华南地区CIEFI 7综合排名榜前20强得分与排名变化情况

城市	本期综合得分	本期国内排名	得分变化	排名变化
深圳市	89.36	3	▼0.70	—
广州市	82.36	7	▼1.77	▼2
佛山市	68.18	26	▼3.16	▼4
东莞市	68.10	28	▼2.04	▼3
珠海市	66.24	33	▼0.13	▲2
南宁市	62.41	41	▼0.97	▼1
海口市	59.83	49	▼0.15	▼3
中山市	56.64	58	▼2.32	▼8

表10-1(续)

城市	本期综合得分	本期国内排名	得分变化	排名变化
惠州市	55.93	64	▼1.63	▼10
江门市	51.05	72	▼0.69	▼2
柳州市	49.27	85	▲3.11	▲9
汕头市	48.74	88	▼1.03	▼12
肇庆市	47.73	97	▲4.33	▲18
桂林市	46.29	101	▲1.85	▲5
湛江市	41.88	128	▲0.24	▲2
三亚市	41.23	135	▲1.68	▲19
韶关市	40.39	145	▼0.34	▼4
清远市	39.84	152	▲2.79	▲28
梅州市	37.71	171	▲1.14	▲13
揭阳市	37.62	172	▼1.45	▼11

在华南地区，深圳、广州并驾齐驱。作为全国经济和金融最为发达的城市之一，深圳和广州凭借其雄厚的经济实力和金融资源，不断为"双创"事业输送新鲜血液，使得两地"双创"金融发展综合水平明显高于其他城市。本期深圳和广州的综合指数得分分别为89.36分和82.36分，较上期稍有下滑，排全国第3名和第7名。不过，两地与在华南地区排第3名的城市佛山依然拉开10多分的距离，并遥遥领先于其他城市。其中，深圳"双创"金融发展实力更为均衡，在"双创"金融资源供给丰富度、"双创"金融服务有效度和"双创"金融政策支持度分指数得分方面均排全国前三名，仅"双创"金融环境承载度得分排第13名。

佛山、东莞和珠海本期在华南地区分别排第3名、第4名、第5名，广东省的5个城市包揽了华南地区"双创"金融发展综合指数得分排名前五位。南宁和海口本期在华南地区排第6名和第7名，两地均是省会城市。凭借省会城市在金融资源供给和政策支持上的相对优势，两地挤进华南地区排名前十强，也是华南地区排名前十强中"唯二"的广东省以外城市。中山、惠州和江门分别排第 8 名、第 9 名和第 10 名，三地区均处于珠三角城市群。在华南地区指数得分排名前十强中，入选的 8 个广东省城市都位于珠三角地区，集聚现象明显。值得注意的是，华南地区"双创"金融发展综合指数得分排名前十强城市综合指数得分均出现下滑。

在"双创"金融综合指数华南地区排第 11 名至第 20 名的城市中，广东有 7 个城市，广西有 2 个城市，海南有 1 个城市，综合指数得分均在 50 分以下。在十个城市中，综合指数全国排名上升的有 7 个城市，下降的有 3 个城市。其中，综合指数全国排名上升最多的城市为清远，排名上升 28 位；综合指数全国排名下滑最多的是汕头，排名下滑 12 位。

➡ 10.2 金融资源供给种类不断丰富，深圳、广州保持领先地位

华南地区本期共有 14 个城市跻身全国"双创"金融资源供给丰富度排名百强榜单，依次是深圳、广州、珠海、东莞、佛山、海口、惠州、南宁、中山、柳州、江门、肇庆、三亚和桂林。其中，肇庆为本期全国排名百强榜新晋城市；深圳、广州分别排第 3 名和第 6 名；珠海、东莞、佛山跻身全国前 30 强。

华南地区"双创"金融资源供给丰富度分指数得分表现总体向好。在地区排名前 20 强城市中，有 12 个城市"双创"金融资源供给丰富度分指数得分上升，8 个城市分指数得分下滑；有 11 个城市分指数得分在全国的排名上升，8 个城市分指数得分排名下滑，1 个城市保持不变。具体见表 10-2。

表10-2 华南地区CIEFI 7"双创"金融资源供给丰富度排名前20强得分与排名变化情况

城市	本期综合得分	本期国内排名	得分变化	排名变化
深圳市	21.76	3	▼0.42	—
广州市	19.97	6	▲0.10	▼1
珠海市	17.18	21	▼1.08	▼8
东莞市	15.84	27	▲0.13	▲3
佛山市	15.64	29	▼0.43	▼4
海口市	14.66	40	▲1.36	▲12
惠州市	12.89	55	▲0.12	▲1
南宁市	12.32	61	▼1.21	▼12
中山市	12.22	62	▼0.53	▼5
柳州市	12.14	66	▲2.34	▲27
江门市	11.20	80	▼0.84	▼18
肇庆市	10.72	86	▲2.27	▲48
三亚市	10.12	93	▼0.27	▼9
桂林市	10.02	98	▲1.36	▲27
汕头市	9.88	104	▼0.98	▼29
湛江市	9.64	113	▲0.70	▲2
梅州市	9.60	114	▲2.66	▲73
钦州市	9.03	129	▲2.29	▲65
清远市	8.89	130	▲2.69	▲88
梧州市	8.23	152	▲1.12	▲28

深圳、广州保持"双创"金融资源供给丰富度排名地区前二、国内前六地位。2022年，广州新增贷款余额为7 519亿元，比深圳同期高出1 300多亿元，是地区其他城市的数倍。深圳股票融资规模远高于其他城市，全年A股市场股票融资规模为1 250亿元，接近广州的4倍，债券融资规模为31 698亿元，较其他城市优势显著。在私募股权投资方面，深圳、广州强大的金融实力和丰富的金融资源使得创新创业人群能够通过多种渠道获得资金支持，对促进"双创"的发展起到关键作用。具体见图10-1、图10-2、图10-3。

图 10-1　华南地区 2022 年新增贷款规模排名前十强城市

图 10-2　华南地区 2022 年股票融资规模排名前十强城市

图 10-3　华南地区 2022 年债券融资规模排名前十强城市

珠海、佛山"双创"金融资源供给丰富度得分较上期有所回落,排名分别下滑 8 位和 4 位,全国排名也在第 20 名之后。东莞得分较上期有所提提升，排名上升 3 位，排全国第 27 名。截至 2023 年 6 月底，佛山商业银行网点密度在华南地区排第 1 名。珠海、佛山和东莞在信贷供给、证券市场供给和私募股权供给方面的相对优势为三地创新创业活动提供了多元融资便利，推动着三地"双创"活动向好发展。

海口和惠州的"双创"金融资源供给丰富度分指数得分在华南地区排第 6 名和第 7 名，其中，海口排名上升 12 位，排全国第 40 名，惠州排名较上期提升 1 位，取代南宁。海口在私募股权投资得分方面表现优秀，其私募股权投资规模在华南地区仅次于深圳、广州和东莞，排第 4 名。惠州则在股票融资规模方面具备较强优势，其股票融资规模在华南地区仅次于深圳和广州。

南宁、中山和柳州在华南地区分别排第 8 名、第 9 名和第 10 名，其中，南宁和中山的全国排名出现大幅度下滑，而柳州的全国排名上升了 27 位。南宁新增贷款余额和债券融资规模较大，分别达到 2 200 亿元和 2 500 亿元，均超过东莞、佛山。柳州 2022 年债券融资规模较上一年有较大幅度提升，使得其得分和排名也有所上升。中山市商业银行网点密度在华南地区相对较高，新增贷款余额也超过柳州市，整体上在信贷供给、证券市场供给和私募股权供给方面则表现比较均衡。具体见图 10-4。

图 10-4　华南地区 2022 年私募股权投资活动排名前十强城市

➡ 10.3 "双创"金融服务有效度得分有所降低，头部城市优势稳定

华南地区本期共有 12 个城市跻身全国"双创"金融服务有效度得分排名百强榜单，依次是深圳、广州、东莞、佛山、珠海、惠州、中山、南宁、海口、江门、汕头和桂林。其中，深圳、广州均跻身全国十强行列。

华南地区"双创"金融服务有效度分指数得分整体表现有所回落。在排名前 20 强城市中，有 16 个城市"双创"金融服务有效度分指数得分下滑，仅有 4 个城市分指数得分上升；有 9 个城市"双创"金融服务有效度分指数得分在全国的排名下滑，10 个城市分指数得分排名上升，1 个城市保持不变。在地区排名前 20 强名单中，广东有 15 个城市，广西有 4 个城市，海南有 1 个城市。具体见表 10-3。

表 10-3 华南地区 CIEFI 7 "双创"金融服务有效度排名前 20 强得分与排名变化情况

城市	本期综合得分	本期国内排名	得分变化	排名变化
深圳市	23.19	3	▲0.59	—
广州市	20.09	6	▲0.08	▲1
东莞市	17.78	19	▲0.56	▲5
佛山市	17.14	25	▼0.79	▼8
珠海市	15.10	41	▼0.41	▼5
惠州市	14.11	49	▼0.68	▼6
中山市	13.86	53	▼0.77	▼6
南宁市	12.89	61	▼0.61	▲3
海口市	12.61	67	▼1.67	▼12
江门市	12.43	70	▼0.57	▲4
汕头市	11.61	96	▼1.52	▼26
桂林市	11.35	100	▲0.04	▲15
肇庆市	11.07	103	▼0.65	▲1

表10-3(续)

城市	本期综合得分	本期国内排名	得分变化	排名变化
柳州市	10.88	111	▼0.26	▲9
韶关市	9.46	138	▼0.69	▲10
梅州市	8.57	163	▼1.63	▼18
清远市	8.15	175	▼0.19	▲30
揭阳市	7.89	183	▼1.30	▼2
潮州市	7.82	185	▼1.26	▲4
北海市	7.31	197	▼1.86	▼13

深圳"双创"金融服务有效度在华南地区全面领跑。本期深圳"双创"金融服务有效度分指数得分略有上升，但其在全国的排名没有发生变化，依然排第3名；广州得分略有上升，在全国的排名上升1位，由上期第7名上升至本期第6名；两地是华南地区"唯二"的得分超过20分的城市。深圳作为华南地区的领头羊，无论是在科创企业培育方面，还是在企业上市挂牌方面，都遥遥领先于包括广州在内的地区其他城市。其中，在科创企业培育方面，深圳市高新技术企业和"专精特新"企业数量分别达23 188家和442家，分别是同期广州的1.9倍和3.7倍。具体见图10-5。

图10-5 华南地区高新技术企业数量排名前十强城市

珠三角城市群成员城市领先优势明显。除深圳、广州外,华南地区"双创"金融服务有效度得分排第3名至第7名的城市均来自珠三角地区,分别是东莞、佛山、珠海、惠州和中山。珠三角城市在"双创"金融服务有效度分指数方面的得分直接反映了各城市金融支持创新创业活动的成果。其中,佛山在高新技术企业培育和"专精特新"企业培育方面尤为出色,其高新技术企业数量与在华南地区排第2名的广州相差不大。东莞则在新技术企业培育和重点"小巨人"企业培育方面具有亮点,其高新技术企业数量在华南地区仅次于深圳、广州,排第3名。具体见图10-6。

图10-6 华南地区"专精特新"企业数量排名前十强城市

南宁和海口"双创"金融服务有效度分指数得分分别列华南地区第8名和第9名,与上期保持不变,两地也是"唯二"的进入华南地区前十强的非广东城市。海口和南宁"双创"金融服务有效度分指数得分在全国分别排第61名和第67名,与上期相比,分别上升3位和下滑12位。南宁"双创"活动在高新技术企业方面取得了较好成绩,截至2023年6月底,高新技术企业数量达到1 583家,超过同期海口600多家。海口的"双创"活动在A股上市公司市值和新三板挂牌企业规模等方面取得了不错成果。截至2023年6月底,海口A股上市公司市值达到3 404.17亿元,远远超过南宁;新三板挂牌企业规模为128.29亿元,超过排名在前的中山和惠州。相关情况请参见图10-7。

图 10-7　华南地区上市挂牌企业数量排名前十强城市

➡ 10.4　"双创"金融政策支持力度持续加大，三亚、肇庆提升明显

华南地区本期共有 12 个城市跻身全国"双创"金融政策支持度排名百强榜单，依排名次序分别是深圳、广州、南宁、佛山、东莞、珠海、海口、中山、惠州、江门、肇庆和揭阳。其中，深圳、广州排名全国前十强，南宁、佛山、东莞跻身全国前 30 强。

在地区排名前 20 强城市中，14 个城市"双创"金融政策支持度得分上升，6 个城市得分下滑；10 个"双创"金融政策支持度排名上升，9 个城市排名下滑，保持不变的有 1 个。其中，三亚和肇庆排名上升幅度最大，分别上升 57 位和 50 位，反映出这两个城市的金融政策吸引力正不断增强。具体见表 10-4。

表 10-4　华南地区 CIEFI 7 "双创"金融政策支持度排名前 20 强得分与排名变化情况

城市	本期综合得分	本期国内排名	得分变化	排名变化
深圳市	23.40	2	▲0.55	—
广州市	22.17	4	▲0.41	▲2
南宁市	17.66	27	▲0.18	▲1
佛山市	17.34	28	▲0.06	▲1
东莞市	17.01	29	▼0.18	▲1

表10-4(续)

城市	本期综合得分	本期国内排名	得分变化	排名变化
珠海市	15.47	41	▼0.18	▼1
海口市	14.00	54	▼0.79	▼9
中山市	13.91	55	▼0.32	▼7
惠州市	12.29	66	▼0.20	▼10
江门市	11.40	79	▲1.79	▲12
肇庆市	10.28	98	▲2.81	▲50
揭阳市	10.00	100	▲0.06	▼13
汕头市	9.98	101	▲1.28	▲8
柳州市	9.44	110	▲0.28	▼10
韶关市	9.12	120	▲0.81	▼3
三亚市	8.97	127	▲2.78	▲57
河源市	8.65	135	▲0.19	▼19
湛江市	7.99	151	▲0.27	▼12
桂林市	7.68	159	▼0.24	▼27
茂名市	7.38	170	▲3.39	▲82

广州和深圳"双创"金融政策支持力度领跑华南地区,两市在金融政策上对创新创业活动提供了强力支持,并形成了持续的社会关注度。近一年来,广州、深圳两地的"双创"金融支持政策百度搜索热度指数值分别达到94分和92分,保持全国领先水平。在专项政策文本内容关键词检索条目数量方面,深圳保持遥遥领先,达到了6 374条,远超同期广州。具体见图10-8和图10-9。

图10-8 华南地区"双创"金融支持政策搜索热度指数得分排名前十强城市

图 10-9　华南地区"双创"金融支持政策内容关键词检索条目数排名前十强城市

深圳和广州对"双创"活动投资引导支持显著。截至 2023 年 6 月底，深圳、广州已公开的政府引导基金目标规模分别达到 6 239 亿元和 6 058 亿元，两者目标规模合计占到整个华南地区总量的 2/3。除广州、深圳之外，南宁地方政府承诺的政府引导基金目标规模排名地区第三，达到了 2 264 亿元，远超地区其他城市。具体见图 10-10。

图 10-10　华南地区政府引导基金目标规模排名前十强城市

南宁、佛山和东莞"双创"金融政策支持度分指数得分在华南地区分别排第 3 名、第 4 名和第 5 名。作为非广东城市，南宁"双创"金融政策支持度分指数得分再次进入前 3 强。其中，南宁在政府引导基金目标规模和地方政府融资担保机构数量方面表现尤为突出，其规模和数量仅次于深圳和广州，并且与排名在其之后的城市拉开了较大差距。此外，南宁在专项政策内容支持力度方面超过东莞和佛山，说明南宁加大了在金融政策和制度上对创新创业活动的支持力度。

　　在对"双创"孵化培育的平台载体建设投入方面，深圳继续保持地区领先。截至 2023 年 6 月底，深圳分别拥有 111 家国家级众创空间和 49 家科技孵化器。除深圳、广州外，东莞、佛山表现相对较好，两者国家级创新培育载体分别达到了 25 家和 24 家，较华南其他城市有明显优势。具体见图 10-11。

图 10-11　华南地区国家级孵化培育载体数量排名前十强城市

➡ 10.5 "双创"金融环境承载度整体有待提升，部分城市得分下降明显

　　华南地区本期有 15 个城市跻身全国"双创"金融环境承载度排名百强榜单，依次是深圳、广州、南宁、海口、珠海、佛山、东莞、汕头、桂林、湛江、柳州、茂名、中山、惠州和江门。

　　华南地区本期"双创"金融环境承载度分指数整体得分 15.36 分，与上期变化不大，落后于华东和华中地区。在排名前 20 强城市中，"双创"金融环境承载度分指数得分上升的有 11 个城市，得分下滑的有 9 个城市。

具体见表 10-5。

表 10-5 华南地区 CIEFI 7"双创"金融环境承载度排名前 20 强得分与排名变化情况

城市	本期综合得分	本期国内排名	得分变化	排名变化
深圳市	21.01	13	▼1.42	▼10
广州市	20.13	19	▼2.36	▼17
南宁市	19.54	27	▲0.66	▲6
海口市	18.55	37	▲0.94	▲11
珠海市	18.49	40	▲1.54	▲26
佛山市	18.06	48	▼1.99	▼28
东莞市	17.46	54	▼2.55	▼33
汕头市	17.27	57	▲0.20	▲6
桂林市	17.23	59	▲0.70	▲17
湛江市	16.98	65	▼0.09	▼3
柳州市	16.80	70	▲0.74	▲19
茂名市	16.75	71	▲0.30	▲8
中山市	16.64	77	▼0.71	▼20
惠州市	16.64	78	▼0.86	▼27
江门市	16.02	95	▼1.07	▼34
玉林市	15.89	101	▲0.72	▲26
肇庆市	15.67	112	▼0.10	▼12
清远市	15.63	116	▲0.30	▲6
三亚市	15.16	137	▲0.69	▲19
韶关市	15.16	138	▲0.46	▲7

尽管华南地区"双创"金融环境承载度得分整体有所上升，但多数广东城市得分和排名出现明显下滑。其中，深圳、广州的全国排名分别下滑了10 位和 17 位。具体来看，2022 年深圳新设市场主体 44.69 万家，较 2021年减少近 6 万家，远低于海口新设市场主体数量；新增商标注册数 37 万件，较 2021 年减少 9.4 万件；不过，在 SCI 论文发表数量上，深圳达到 43 116篇，较上年增加 36 852 篇。广州新设市场主体 41.52 万家，较 2021 年减少

22.78 万家，新增商标注册数和新增发明专利授权量均出现一定程度下滑。以上数据反映了两地"双创"金融环境承载度整体水平有所下降，但两地创新创业发展对金融的需求依然巨大，"双创"金融发展仍然具有广阔的发展空间。具体参见图 10-12。

图 10-12　华南地区新设市场主体数排名前十强城市

　　除广州、深圳外，珠海、佛山和东莞属于华南地区"双创"金融环境承载度分指数得分表现最好的几个城市。和上期相比，珠海"双创"金融环境承载度分指数得分在全国排名上升 26 位，而佛山和东莞排名分别下滑 28 位和 33 位。2022 年，珠海在 SCI 论文发表数量上具有一定优势，而佛山和东莞的新设市场主体、新增商标注册、新增发明专利授权量等指标在区域内乃至全国地级市都具有较强优势，表现出良好的创新创业动力和活力。

　　值得注意的是，华南地区整体呈现人口净流出态势。2022 年，华南地区常住人口净流出 11.51 万人。其中，广州、深圳、东莞、佛山四大城市均出现人口净流出现象，而珠海、海口等城市常住人口净流入均超过 3 万人。南宁作为广西壮族自治区的省会城市，对区内地区有较强的人口虹吸效应，2022 年常住人口净流入 5.9 万人，净增长规模在华南地区居首位。具体见图 10-13。

图 10-13 华南地区常住人口规模排名前十强城市人口净流入情况

11 西南地区"双创"
金融发展比较分析

按照行政区划分类，西南地区包括重庆市、四川省、贵州省、云南省、西藏自治区共三省一市一区。本报告研究评价样本城市涵盖该地区 54 个地级及以上级别城市。

➡ 11.1 西南地区金融发展两极分化严重，成都实现加速领跑

本期进入全国"双创"金融发展综合指数得分排名百强榜的西南城市共 5 个，分别是成都、重庆、昆明、贵阳和绵阳。其中，成都、重庆进入全国排名前 20 强，分别排在全国第 5 名和第 10 名，昆明进入前 30 强，贵阳进入前 40 强。

西南地区"双创"金融发展仍较落后。本期西南地区虽然大多数城市"双创"金融发展综合指数得分较上期有所上升，但平均分值仍大幅低于全国平均分值的 40.52 分，仅为 33.69 分；在西南地区综合 20 强中，贵阳和玉溪得分下滑明显，分别下滑 2.36 分和 2.88 分；区域内进入"双创"金融发展全国百强的城市有 5 个，占整个地区地级市数量的比重仅 9.3%。具体参见表 11-1。

表 11-1 西南地区 CIEFI7 综合排名榜前 20 强得分与排名变化情况

城市	本期综合得分	本期国内排名	得分变化	排名变化
成都市	83.64	5	▲0.84	▲1
重庆市	80.44	10	▲2.52	▲2
昆明市	70.70	22	▲0.23	▲2
贵阳市	65.12	37	▼2.36	▼7
绵阳市	56.71	57	▲2.88	▲6
宜宾市	45.51	106	▲1.50	▲3
德阳市	45.48	107	▲0.55	▼3
遵义市	44.63	113	▲1.00	▼1
拉萨市	43.33	119	▲0.77	▲3
泸州市	42.87	122	▲0.46	▲1

表11-1（续）

城市	本期综合得分	本期国内排名	得分变化	排名变化
眉山市	42.34	125	▲4.60	▲46
遂宁市	41.50	131	▲4.05	▲44
乐山市	40.31	146	▲2.08	▲23
达州市	38.72	165	▲5.00	▲41
自贡市	38.69	166	▲0.36	—
南充市	36.64	180	▲1.20	▲11
安顺市	36.64	181	▲1.64	▲16
玉溪市	36.49	183	▼2.88	▼25
曲靖市	36.13	189	▲1.67	▲10
攀枝花市	35.44	193	▲1.91	▲16

成都整体位势能级实现跨越式跃升。本期成都"双创"金融发展综合指数得分在全国排名中上升1位，排全国第5名、西南地区第1名，遥遥领先于区域内其他城市。近年来成都围绕西部金融中心建设，坚持金融服务实体经济，推动金融支持科技创新和产业发展，"双创"金融各项指标稳居全国排名前十强。

西南地区区域内发展不均衡特点仍较显著。在区域内54个城市中，仅有4个城市进入全国前50强，5个城市进入全国前100强，16个城市进入全国前200强，其余33个城市排在200名之后，这与西南地区金融中心发展呈现明显的两极分化趋势基本一致。

专栏11-1　成都金融支持科技创新成效突出①

成都科创金融组织体系不断完善。截至2022年底，已设立4家科技支行和5家科技小贷公司，搭建了政府性融资担保机构（14家）和政府引导投资基金体系，打造"科创通""盈创动力"等科创金融服务平台，建设成都知识产权交易中心，累计交易规模在同类别中连续两年仅次于中国技

---

① 资料来自成都市地方金融管理局。

术交易所,在全国排第二名,形成了覆盖企业增信、贷款融资、创业股权投资和要素市场等科创金融服务全链条的组织体系。

科创金融服务质效持续提升,引导各法人金融机构推出科创金融专项服务产品超过10种。截至2022年底,"科创贷"帮助科创企业获得238.17亿元贷款;"蓉易贷"累计支持科技型企业贷款金额74.76亿元。打造全国首个基于区块链知识产权融资服务平台,累计上链知识产权融资业务金额约12.58亿元。成立成都科技创新投资集团,目前系列基金总规模增至340亿元,基金群覆盖19个重点产业链,累计投资科创企业项目377个。

科创企业直接融资水平稳步提高。深入实施"交子之星"经济证券化倍增行动计划,着力推动优质企业上市及高质量发展,A股上市公司总量达到115家,其中科创板上市公司17家,排中西部第1名,有效推动了成都的电子信息、生物医药等重点产业领域形成规模效应。2022年,成都上市公司研发总投入238.3亿元,同比增长38.35%,研发投入占营业收入的4.11%,同比增长0.47个百分点,科技创新能力和产业发展能级大幅提升。成功发行全国首批、中西部首单科技创新公司债券,募集资金10亿元;落地西部首单知识产权ABS(资产证券化,Asset-backed Security),为10余家国家级"专精特新"企业、高新技术企业提供了1亿元融资支持。

➡ 11.2 "双创"金融资源供给丰富度得分偏低,部分地区加速追赶

西南地区本期共有6个城市跻身全国"双创"金融资源供给丰富度排名百强榜单,依次是成都、重庆、昆明、贵阳、拉萨、绵阳,其中成都排全国第10名、重庆排全国第17名。

西南地区"双创"金融资源整体供给能力有待提升。本期西南地区城市"双创"金融资源供给丰富度得分均值为7.25分,虽比上期有所增长,但仍低于全国平均值8.66分。在地区分指数得分排名前20强中,除成都、

重庆、昆明和贵阳外,其他城市"双创"金融资源供给能力相对较弱,区域内88.9%的城市排在全国100名之后。具体见表11-2。

表11-2　西南地区CIEFI 7"双创"金融资源供给丰富度排名前20强得分与排名变化情况

城市	本期综合得分	本期国内排名	得分变化	排名变化
成都市	19.02	10	▲0.15	—
重庆市	17.38	17	▼0.08	—
昆明市	16.05	25	▲0.18	▲2
贵阳市	14.78	38	▼0.80	▼7
拉萨市	11.89	70	▲2.51	▲33
绵阳市	11.61	73	▼0.02	▼4
乐山市	9.51	116	▼0.01	▼19
文山州	9.14	126	▲4.10	▲130
宜宾市	8.77	135	▲0.07	▼13
泸州市	8.76	138	▲0.87	▲17
安顺市	8.55	139	▲1.71	▲53
六盘水市	8.37	146	▲2.04	▲64
遵义市	8.35	148	▲0.57	▲8
德阳市	8.34	149	▼0.49	▼30
铜仁市	8.16	153	▼0.16	▼14
黔南州	7.95	159	▼1.12	▼49
南充市	7.83	161	▼1.21	▼49
黔东南州	7.79	163	▲2.18	▲73
眉山市	7.76	165	▲1.38	▲43
遂宁市	7.67	167	▲1.65	▲57

四川"双创"金融资源供给丰富度整体保持地区领先。作为中国西部的经济大省,四川是连接中国西部和东部的重要枢纽,凭借其巨大的人口优势和支柱产业的发展,正在实现经济的快速发展。进入"十四五"规划时期以来,四川打出科技金融支持政策"组合拳",支持成都、绵阳在科技金融领域先行先试,稳步推动川渝科技金融协同创新共同体建设,区域金融资

源供给质量持续提升。在地区分指数得分排名前十强中,四川地区城市占一半。2022 年,成都、宜宾、绵阳、南充、泸州等城市新增贷款余额进入区域排名前十强,成都排区域第 1 名,其新增贷款余额是区域第 2 名的两倍多。

云南省相关地级市"双创"金融资源供给丰富度实现较大幅度的跃升。近年来,云南省积极推动建立科技金融服务工作协调机制,创新金融服务方式和产品,进一步改善科创企业融资环境。在本期的"双创"金融资源供给丰富度排名中,红河州上升 142 位,文山州上升 130 位,丽江市上升67 位,昆明市上升 2 位。2022 年,红河州和昆明市的新增贷款余额规模分别为 2 041.2 亿元和 2 011.2 亿元,在西南地区排第 3 名和第 4 名。具体见图 11-1。

图 11-1　西南地区 2022 年新增贷款余额规模排名前十强城市

成都私募股权供给持续发挥优势作用。近年来,成都相继发布了《成都市人民政府办公厅关于印发成都市促进创业投资发展若干政策措施的通知》《成都市促进公募基金私募证券投资基金业发展的若干措施》等政策,支持打造天府基金小镇,营造了良好的发展氛围。截至 2022 年底,成都在中国证券投资基金业协会备案登记的私募股权管理人 234 家,排区域第1 名,各级政府引导基金 51 只,总目标规模约为 3 200 亿元,已到位基金规模约 1 500 亿元;私募股权投资规模 261.1 亿元,投资事件涉及最多的是信息技术、企业服务和医疗健康三大行业。除成都外，重庆"双创"金融资源供给丰富度排西南地区第 2 名，在中国证券投资基金业协会备案登记的私募股权管理人 124 家；昆明"双创"金融资源供给丰富度排西南地区第 3 名，其中私募股权投资规模 298.3 亿元。具体见图 11-2。

图 11-2　西南地区 2022 年私募股权投资管理人数和投资规模排名前十强城市

→ 11.3　"双创"金融服务有效度得分整体有所下降，成都、重庆表现相对更优

西南地区本期共有 6 个城市跻身全国"双创"金融服务有效度得分排名百强榜单，依次是成都、重庆、昆明、绵阳、贵阳和遵义。其中，成都排全国第 8 名，重庆排全国第 11 名。

西南地区金融服务有效度平均水平远低于全国平均水平。西南地区"双创"金融服务有效度得分在全国处于较低水平，平均得分仅高于东北地区，远低于全国 8.84 分的平均水平。在本期的"双创"金融服务有效度得分中，西南地区 54 个城市中有 37 个排名下滑；在地区 20 强城市中有 18 个城市得分下滑、13 个城市排名下滑，仅有成都与重庆实现得分与排名均有所上升。具体见表 11-3。

表 11-3　西南地区 CIEFI 7 "双创" 金融服务有效度排名前 20 强得分与排名变化情况

城市	本期综合得分	本期国内排名	得分变化	排名变化
成都市	20.03	8	▲0.51	▲1
重庆市	19.40	11	▲0.64	▲1
昆明市	15.52	37	▼0.98	▼11
绵阳市	12.84	62	▼0.50	▲5
贵阳市	11.81	89	▼2.78	▼39
遵义市	11.68	94	▼0.77	▼8
德阳市	10.82	112	▼0.64	▲1
拉萨市	9.35	141	▼2.14	▼30
宜宾市	9.24	147	▼1.64	▼20
遂宁市	8.95	154	▼1.12	▼3
眉山市	8.85	157	▼0.62	▲12
自贡市	8.52	165	▼0.97	▲2
乐山市	8.31	173	▼1.98	▼31
玉溪市	8.08	179	▼2.50	▼46
安顺市	7.18	202	▼1.52	▼6
泸州市	7.13	204	▼2.27	▼30
曲靖市	6.97	211	▼1.43	▼8
山南市	6.88	213	▼1.12	▼3
攀枝花市	6.50	219	▼1.12	▲3
雅安市	6.37	222	▼1.55	▼10

　　成渝地区双城经济圈城市科创企业培育成效明显。"具有全国影响力的科技创新中心"是成渝地区双城经济圈的战略定位之一。成渝地区双城经济圈城市紧抓新一轮科技革命机遇，发挥科教人才和特色产业优势，增强金融服务能力，促进创新资源集聚。截至 2022 年底，成渝地区双城经济圈中有 5 个城市的高新技术企业数量进入西南地区排名前十强，分别为成都、重庆、绵阳、德阳和泸州，其中，成都高新技术企业数量达 11 407 家，排西南地区第 1 名。在西南地区重点"小巨人"企业数量排名前十强城市中，成渝地区双城经济圈占到 5 个，分别为重庆、成都、绵阳、德阳和眉山，其中，重庆重点"小巨人"企业数量多达 63 家，排西南地区第 1 名。具体见图 11-3 和图 11-4。

图 11-3　西南地区高新技术企业数量排名前十强城市

图 11-4　西南地区重点"小巨人"企业数量排名前十强城市

　　成都和遵义资本市场利用成效突出。成都企业近年来在资本市场的表现跑出了加速度。截至 2022 年底,成都 A 股上市公司数量达到 113 家,比 2021 年增加 12 家,市值规模 1.29 万亿元。自北京证券交易所开市以来,成都成功推动 5 家企业在北京证券交易所上市,居西南地区之首。新三板挂牌企业 145 家,企业规模 377.6 亿元。遵义上市公司数量共 4 家,总市值达 2.2 万亿元,排西南地区第 1 名,其中,仅贵州茅台一家上市公司就贡献了超过 2.1 万亿元。

具体见图 11-5 和图 11-6。

图 11-5　西南地区 A 股上市公司数量及市值排名前十强城市

图 11-6　西南地区企业新三板挂牌数量及规模排名前十强城市

➡ 11.4　"双创"金融政策支持力度加大，成都、重庆尤为突出

西南地区本期共有 11 个城市跻身全国"双创"金融政策支持度排名百强榜单，比上期增加 4 个，依次是重庆、成都、贵阳、昆明、绵阳、达州、

宜宾、泸州、遂宁、德阳和眉山。其中，成都和重庆均进入全国排名前十强，昆明和贵阳进入全国排名前 20 强。

西南地区本期大部分城市"双创"金融政策支持度得分有所增长，地区排名前 20 强城市中有 17 个城市得分上升。具体见表 11-4。

表 11-4　西南地区 CIEFI7 "双创"金融政策支持度排名前 20 强得分与排名变化情况

城市	本期综合得分	本期国内排名	得分变化	排名变化
重庆市	22.08	5	▲0.55	▲3
成都市	21.92	6	▼0.26	▼2
贵阳市	18.75	17	▲0.31	▲4
昆明市	18.54	20	▼0.03	▼1
绵阳市	14.36	52	▲3.03	▲15
达州市	11.29	81	▲3.54	▲56
宜宾市	11.22	84	▲2.54	▲26
泸州市	11.14	86	▲1.63	▲7
遂宁市	11.01	89	▲3.10	▲44
德阳市	10.82	91	▲1.26	▲1
眉山市	10.80	92	▲3.03	▲43
自贡市	9.10	121	▲2.22	▲45
拉萨市	9.03	124	▲0.81	—
内江市	8.66	134	▲2.54	▲53
攀枝花市	8.43	139	▲3.06	▲72
南充市	8.13	146	▲3.89	▲96
巴中市	7.95	152	▲2.94	▲69
广安市	7.87	156	▲2.60	▲60
乐山市	7.74	158	▲3.31	▲78
遵义市	7.61	162	▲0.66	▲1

成都"双创"金融支持政策搜索热度指数得分排西南地区第 1 名。近年来，成都持续加速构建"双创"金融支持政策支撑，构建起城市支撑创

业创新的体系架构。在百度搜索热度指数中已有"双创"关键词的搜索热度指数数据，取过往一年该关键词的搜索热度指数平均值为数据，成都"双创"金融支持政策搜索热度为100。在查策网搜索与"双创"金融支持政策相关关键词的政策内容条数，成都达5 647条，排全国第1名。具体见图11-7和图11-8。

图11-7 西南地区"双创"金融支持政策搜索热度指数排名前十强城市

图11-8 西南地区"双创"金融支持政策内容关键词检索条目数排名前十强城市

重庆国家级孵化培育载体数量排西南地区第1名。重庆深入实施创新驱动发展战略，推动打造规模化、特色化、高质量孵化载体，促进科技成果转化，积极培育优质市场主体，增强经济发展内生动力。截至2022年底，重庆拥有国家级众创空间67家、国家级科技孵化器29家，均排区域第

1 名。成都拥有国家级众创空间 48 家，排区域第 2 名；国家级科技孵化器 24 家，排区域第 3 名。昆明拥有国家级科技孵化器 25 家，排区域第 2 名。具体见图 11-9。

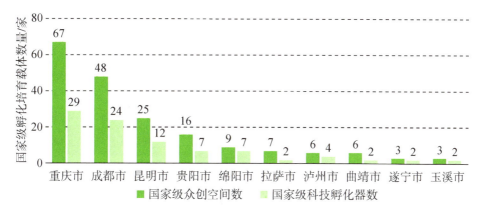

图 11-9 西南地区国家级孵化培育载体数量排名前十强城市

➡ 11.5 地区金融环境承载能力不断增强，三城跻身全国排名前 20 强

西南地区本期有 8 个城市跻身全国"双创"金融环境承载度排名百强榜单，比上期增加 2 个，依次是成都、重庆、昆明、贵阳、绵阳、遵义、曲靖和宜宾。其中，成都排全国第 2 名，重庆、昆明分列全国第 10 名和第 16 名。

在本期指数评价中，西南地区的"双创"金融环境承载度平均得分比上期上涨 0.44 分。区域中有 2 个城市进入全国排名十强，8 个城市进入全国前 100 强。在区域 54 个城市中，本期西南地区大多数城市"双创"金融环境承载度得分上涨。在西南地区排名前 20 强中，17 个城市排名上升，其中，成都上升 4 位、重庆上升 7 位、昆明上升 8 位、贵阳上升 8 位。具体见表 11-5。

表 11-5   西南地区 CIEFI 7 "双创" 金融环境承载度排名前 20 强得分与排名变化情况

城市	本期综合得分	本期国内排名	得分变化	排名变化
成都市	22.67	2	▲0.43	▲4
重庆市	21.58	10	▲1.41	▲7
昆明市	20.59	16	▲1.06	▲8
贵阳市	19.79	24	▲0.91	▲8
绵阳市	17.91	50	▲0.37	—
遵义市	16.98	64	▲0.55	▲16
曲靖市	16.83	69	▲2.46	▲92
宜宾市	16.28	88	▲0.54	▲13
泸州市	15.85	104	▲0.22	▲2
达州市	15.55	119	▲1.79	▲78
德阳市	15.50	123	▲0.42	▲5
南充市	15.02	144	▲0.43	▲4
凉山州	14.98	146	▲1.33	▲57
眉山市	14.93	148	▲0.81	▲32
乐山市	14.75	160	▲0.76	▲25
铜仁市	14.20	186	▲0.67	▲22
六盘水市	14.11	194	▲0.81	▲28
毕节市	14.10	195	▲0.58	▲14
自贡市	14.03	199	▲0.13	▼8
玉溪市	14.01	200	▼0.12	▼21

成都"双创"金融环境承载度得分实现新的突破，由上期排全国第 6 名跃升到本期全国第 2 名。从创业环境来看，2022 年，成都新设市场主体数 57.94 万家，排全国第 1 名；新增商标注册数 12.26 万件，排全国第 6 名、西南第 1 名。具体见图 11-10 和图 11-11。从创新环境来看，2022 年成都新增发明专利授权量达 1.95 万件，SCI 论文发表数 5.7 万篇，均排西南地区第 1 名。从经济与社会环境来看，成都 2022 年 GDP 为 20 817.5 亿元，排全国第 7 名，常住人口规模 2 126.8 万人，人口增长规模 7.6 万人。

图 11-10 西南地区新设市场主体数排名前十强城市

图 11-11 西南地区新增商标注册数排名前十强城市

昆明"双创"金融环境承载度得分大幅提升，由上期排全国第 24 名跃升到本期的全国第 16 名。从创业环境来看，2022 年，昆明新设市场主体数 27.43 万家，新增商标注册数 4.38 万件，均排西南地区第 3 名。从创新环境来看，2022 年昆明新增发明专利授权量达 3 437 件，SCI 论文发表数 1.73 万篇，均排西南地区第 3 名。从经济与社会环境来看，昆明 2022 年 GDP 为 7 541.37 亿元，常住人口规模 860 万人，人口增长规模 9.8 万人，排西南地区第 2 名，贵阳排第 1 名。具体见图 11-12。

图 11-12 西南地区人口增长规模排名前十强城市

12 西北地区"双创"
金融发展比较分析

按照行政区划分类，西北地区包括陕西省、甘肃省、青海省、宁夏回族自治区和新疆维吾尔自治区。本报告研究评价样本城市涵盖该地区 51 个地级及以上级别城市。

→ 12.1 西北地区综合实力相对较弱，西安稳居地区综合排名第一

本期进入全国"双创"金融发展综合指数得分排名百强榜的西北城市共 5 个，分别是西安、乌鲁木齐、兰州、银川和西宁。其中，西安进入全国排名前 20 强，排全国第 12 名，乌鲁木齐进入全国前 50 强。

本地区 80%城市排名在全国 200 名之后。本期西北地区 51 个市的"双创"金融发展综合指数得分 31.38 分，低于同期全国均值（40.52 分）；本期地区内进入"双创"金融发展综合指数竞争力全国百强的城市只占西北地区地级市数量的 10%，排名在全国 200 名之后的城市达 40 个，占区域比重接近 80%。除西安外，其他大部分城市"双创"金融发展十分落后，区域内仅 6 个城市得分高于全国均值水平。具体见表 12-1。

表 12-1 西北地区 CIEFI 7 综合排名榜前 20 强得分与排名变化情况

城市	本期综合得分	本期国内排名	得分变化	排名变化
西安市	79.44	12	▲4.24	▲3
乌鲁木齐市	60.36	48	▼2.20	▼6
兰州市	58.15	52	▼1.75	▼4
银川市	52.14	68	▼0.37	▲1
西宁市	48.52	90	▼0.42	▼10
咸阳市	44.39	114	▲1.38	▲5
宝鸡市	40.59	140	▲1.56	▲22
榆林市	39.68	154	▲0.75	▲9
渭南市	36.83	178	▲2.24	▲20
延安市	36.21	187	▲1.78	▲13
伊犁州	34.36	199	▲1.97	▲18

表12-1（续）

城市	本期综合得分	本期国内排名	得分变化	排名变化
克拉玛依市	33.63	206	▼0.41	▼2
汉中市	31.90	219	▲2.87	▲23
白银市	31.64	223	▲2.21	▲16
天水市	31.41	224	▲0.30	▲1
酒泉市	30.83	228	▲2.95	▲23
昌吉州	30.42	233	▼7.29	▼61
阿克苏地区	30.08	235	▲1.66	▲11
吴忠市	30.06	236	▼1.79	▼16
巴音郭楞州	29.98	237	▲3.61	▲28

　　西安"双创"金融发展综合实力稳居西北地区第一。本期西安"双创"金融发展综合竞争力排全国第12名，上升3个位次，远超同区域内排第2名的乌鲁木齐，是西北地区"双创"金融发展最主要的带动极。西安持续探索科技与金融深度结合的新模式，构建了"政府政策引导、利益机制主导、多元创新创业"的西安科技金融产业发展模式，搭建了比较完善的科技金融支持政策体系、机构体系、产品体系与科技金融工作服务平台，创新创业创投成效更加显著，影响不断扩大。

➡ 12.2 "双创"金融资源供给能力略有提升，整体仍然偏弱

　　西北地区本期共有5个城市跻身全国"双创"金融资源供给丰富度排名百强榜单，依次是西安、乌鲁木齐、兰州、西宁和银川，其中西安排全国第20名、乌鲁木齐排全国第33名。

　　西北地区多数城市本期"双创"金融资源供给丰富度指数平均得分6.21分，较上期增长0.46分。在地区分指数得分排名前20强城市中，大部分城市在全国的排名上升，巴音郭楞上升114位、金昌上升58位、伊犁上升56位、咸阳上升50位。具体见表12-2。

表 12-2　西北地区 CIEFI 7 "双创"金融资源供给丰富度排名前 20 强得分与排名变化情况

城市	本期综合得分	本期国内排名	得分变化	排名变化
西安市	17.36	20	▼0.31	▼6
乌鲁木齐市	15.29	33	▼1.46	▼10
兰州市	12.43	59	▼1.15	▼11
西宁市	12.21	63	▲1.33	▲10
银川市	11.55	74	▼0.46	▼11
伊犁州	9.75	106	▲2.13	▲56
咸阳市	9.49	118	▲1.96	▲50
榆林市	8.44	142	▲0.01	▼7
克拉玛依市	8.05	157	▼0.90	▼43
巴音郭楞州	7.70	166	▲3.60	▲114
延安市	7.65	169	▼0.05	▼10
宝鸡市	7.43	178	▼0.99	▼42
金昌市	7.27	180	▲1.77	▲58
渭南市	7.16	185	▼0.95	▼41
阿克苏地区	7.13	187	▲0.54	▲14
安康市	7.09	189	▲1.44	▲46
吴忠市	6.98	195	▲0.48	▲10
陇南市	17.36	215	▲3.04	▲84
酒泉市	15.29	220	▲1.11	▲21
白银市	12.43	229	▲1.79	▲43

西安"双创"金融资源供给丰富度得分有所下滑但仍居西北地区第一。2022 年，西安"双创"金融资源供给丰富度排全国第 20 名，比上期下滑 6 位，但仍排西北地区第 1 名。2022 年，西安全年新增贷款余额规模 2 835.89 亿元，排西北地区第 1 名，比整个西北地区的三分之一还多；新增股票融资规模 230.82 亿元，占到西北地区的二分之一；债券融资规模 6 571.34 亿元，占到西北地区的二分之一。

新疆部分城市金融资源供给丰富度大幅提升。在本期"双创"金融资源供给丰富度排名中，巴音郭楞、伊犁等城市实现快速提升。其中，伊犁新增贷款余额规模和新增股票融资规模分别为 408.13 亿元和 11.4 亿元，均排西北地区第5名,债券融资规模160.12亿元,排西北地区第10名。巴音郭楞新增股票融资规模为3.07亿元,排西北地区第8名。

具体见图12-1、图12-2、图12-3。

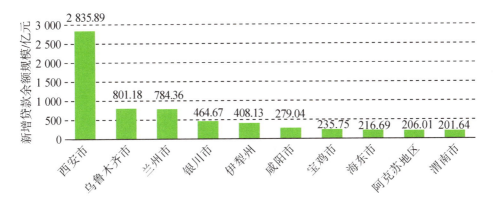

图12-1　西北地区2022年新增贷款余额规模排名前十强城市

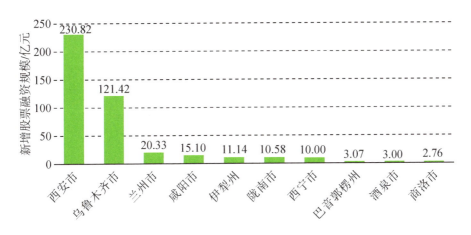

图12-2　西北地区2022年新增股票融资规模排名前十强城市

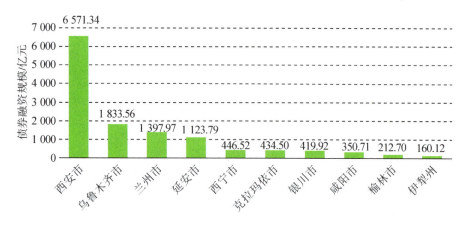

图 12-3　西北地区 2022 年债券融资规模排名前十强城市

12.3　地区"双创"金融服务有效度得分较低，西安表现相对优异

西北地区本期共有 4 个城市跻身全国"双创"金融服务有效度得分排名百强榜单，依次是西安、乌鲁木齐、银川和兰州，分别排全国第 12 名、第 54 名、第 82 名和第 85 名。

西北地区金融服务有效度远低于全国平均水平。本期西北地区的"双创"金融服务有效度平均得分仅 5.31 分，大幅低于全国平均水平的 8.84 分，排全国地区的末位。截至 2022 年底，整个西北地区拥有国家高新技术企业 15 354 家、"专精特新"企业 302 家，均仅相当于同期北京的二分之一；上市公司 179 家，总市值规模 2.58 万亿元，比杭州一个城市的规模还低。具体见表 12-3。

表 12-3　西北地区 CIEFI 7 "双创"金融服务有效度排名前 20 强得分与排名变化情况

城市	本期综合得分	本期国内排名	得分变化	排名变化
西安市	18.90	12	▲1.29	▲7
乌鲁木齐市	13.86	54	▼0.51	—
银川市	12.00	82	▼1.13	▼11
兰州市	11.90	85	▼0.78	▼6
宝鸡市	11.28	102	▲0.84	▲36

表12-3(续)

城市	本期综合得分	本期国内排名	得分变化	排名变化
咸阳市	10.57	116	▲1.09	▲52
昌吉州	9.33	142	▼1.22	▼7
石嘴山市	8.71	159	▼0.94	▲6
克拉玛依市	8.56	164	▼1.45	▼8
白银市	8.45	167	▼0.25	▲30
西宁市	8.34	172	▼1.42	▼9
吴忠市	7.86	184	▼1.51	▼9
酒泉市	7.74	191	▲0.84	▲47
天水市	7.63	193	▲0.10	▲32
渭南市	6.98	208	▲0.13	▲31
汉中市	6.89	212	▲0.24	▲33
榆林市	18.90	216	▲1.29	▲7
嘉峪关市	13.86	237	▼0.51	—
武威市	12.00	242	▼1.13	▼11
伊犁州	11.90	248	▼0.78	▼6

西安金融服务有效度得分大幅提升。在本期的"双创"金融服务有效度得分排名中,西安排西北地区第1名,比上期上升7个位次。截至2022年底,西安拥有高新技术企业9 807家,比上期增加3 030家;拥有56家境内上市公司,比上期增加8家,市值规模1.2万亿元,在北京证券交易所上市3家,均排西北地区第1名。具体参见图12-4和图12-5。

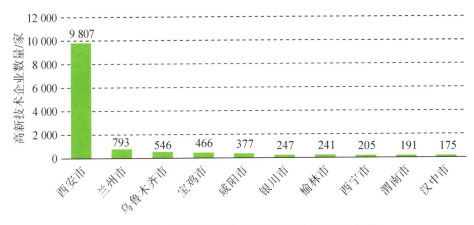

图12-4 西北地区高新技术企业数量排名前十强城市

图 12-5　西北地区 A 股上市公司数量及市值排名前十强城市

➡ 12.4　地区金融政策支持力度仍不够，省会城市持续发力

西北地区本期共有 5 个城市跻身全国"双创"金融政策支持度排名百强榜单，依次是西安、兰州、乌鲁木齐、银川和西宁，其中，西安排全国第 9 名，兰州和乌鲁木齐均进入全国前 50 强。

西北地区整体金融政策支持力度不够。西北地区本身经济实力存在差距，再受复杂的外部形势影响，政策预期热度、资金保障能力等均明显不足，本期"双创"金融政策支持度平均得分仅 4.8 分，低于全国平均分3.46 分。具体见表 12-4。

表 12-4　西北地区 CIEFI 7 "双创"金融政策支持度排名前 20 强得分与排名变化情况

城市	本期综合得分	本期国内排名	得分变化	排名变化
西安市	21.01	9	▲1.56	▲7
兰州市	15.58	40	▼0.60	▼3
乌鲁木齐市	14.61	50	▲0.21	▼3
银川市	13.07	60	▲2.36	▲12

表12-4（续）

城市	本期综合得分	本期国内排名	得分变化	排名变化
西宁市	12.30	65	▼0.64	▼12
延安市	9.63	108	▲2.30	▲45
榆林市	9.06	123	▲0.45	▼10
咸阳市	8.98	126	▼0.27	▼29
渭南市	8.51	137	▲1.72	▲32
宝鸡市	7.39	169	▲0.79	▲3
巴音郭楞州	6.54	190	▲2.55	▲63
伊犁州	6.21	199	▲2.00	▲47
安康市	6.14	203	▲1.31	▲25
昌吉州	6.00	206	▲0.21	▼8
石嘴山市	5.90	211	▼0.07	▼18
铜川市	5.84	213	▲2.61	▲64
张掖市	5.68	216	▲0.68	▲6
克拉玛依市	5.58	225	▲2.76	▲60
喀什地区	5.56	226	▲1.04	▲7
汉中市	5.32	234	▲0.96	▲4

西北地区排名前20强城市得分大部分实现了较大增长。在本期"双创"金融政策支持度得分排名中，西安比上期上升7位；银川排全国第60名，比上期上升12位；延安排全国第108名，比上期上升45位；巴音郭楞排全国第190名，比上期上升63位。

西北地区省会城市发挥了核心支撑作用。西安"双创"金融支持政策搜索热度指数得分排名西北第一，发挥了重要引领带动作用。截至2022年底，西安拥有国家级众创空间71家、国家级科技孵化器35家，数量遥遥领先于地区内其他城市。除西安外，兰州、乌鲁木齐、西宁、银川四个省会城市创新载体建设水平在西北地区表现相对较好。具体见图12-6、图12-7。

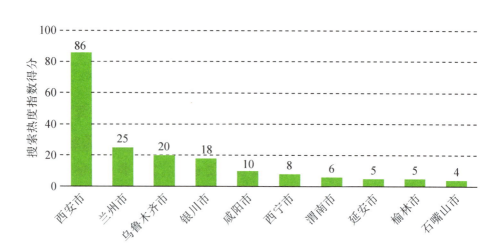

图 12-6 西北地区"双创"金融支持政策搜索热度指数得分排名前十强城市

图 12-7 西北地区国家级创新载体数量排名前十强城市

→ 12.5 地区"双创"金融环境承载能力不足，西安实现大幅提升

西北地区本期有 3 个城市跻身全国"双创"金融环境承载度排名百强榜单，依次是西安、兰州、乌鲁木齐。其中，西安排全国第 5 名，兰州排全国第 45 名。

西北地区近八成城市"双创"金融环境承载度得分低于全国平均水平。在本期"双创"金融环境承载度得分排名中，本区域51个城市中进入前200名的仅12个，排名在300名外的有17个。具体参见表12-5。

表12-5　西北地区CIEFI 7"双创"金融环境承载度排名前20强得分与排名变化情况

城市	本期综合得分	本期国内排名	得分变化	排名变化
西安市	22.17	5	▲1.69	▲10
兰州市	18.23	45	▲0.79	▲9
乌鲁木齐市	16.60	80	▼0.44	▼15
西宁市	15.68	111	▲0.31	▲9
银川市	15.52	122	▼1.15	▼49
榆林市	15.41	130	▲1.04	▲30
咸阳市	15.35	131	▼1.41	▼62
汉中市	14.82	153	▲1.37	▲63
宝鸡市	14.49	172	▲0.93	▲35
延安市	14.45	173	▲1.12	▲48
渭南市	14.17	189	▲1.33	▲47
阿克苏地区	14.08	197	▲1.02	▲34
喀什地区	13.72	213	▼0.97	▼67
天水市	13.54	224	▲1.08	▲31
安康市	13.52	225	▲0.90	▲20
庆阳市	13.49	227	▲1.13	▲30
昌吉州	13.48	228	▲0.08	▼10
伊犁州	13.29	233	▼0.87	▼59
武威市	12.85	250	▲0.92	▲31
定西市	12.79	253	▲1.16	▲37

西安"双创"金融环境承载能力加速跃升。西安"双创"金融环境承载度排全国第5名，比上期上升10位，远超在本区域排第2名的兰州（全国排第45名）。从创业环境来看，2022年西安新设市场主体数43.8万家，排全国第4名。从创新环境来看，2022年西安SCI论文发表数5.3万篇，

均排全国第 8 名。从经济与社会环境来看，西安 2022 年常住人口规模 1 299.59 万人，人口增长规模 12.29 万人，排全国第 4 名。具体参见图 12-8、图 12-9。

图 12-8　西北地区新设市场主体数排名前十强城市

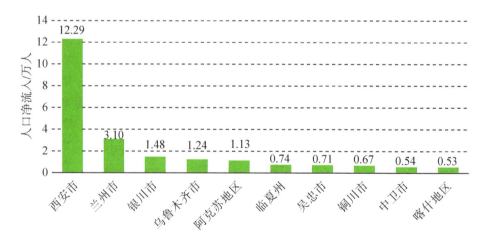

图 12-9　西北地区常住人口净流入排名前十强城市

13 综合排名前十强城市

"双创"金融发展画像

为跟踪研究各地"双创"金融最新发展情况,本章选取本期"双创"金融发展综合指数得分排名前十强城市进行全方位分析展示,以期为地方"双创"金融发展探索提供典型案例借鉴。

➡ 13.1 北京

作为全国三大金融中心城市之一和高校院所云集的全球科研城市,北京在全国337个城市中,本期"双创"金融指数综合得分排第1名,蝉联榜首,综合得分94.36分,比上期下滑0.31分。

从"双创"金融指数得分构成来看,北京"双创"金融发展各分指数得分总体表现突出,其中"双创"金融资源供给丰富度、"双创"金融服务有效度、"双创"金融政策支持度在337个城市中均排第1名。但值得注意的是,北京在"双创"金融环境承载度得分方面表现一般,本期仅排全国第11名,比上期大幅下滑7位。具体见表13-1。

表13-1 北京"双创"金融指数得分与排名变化情况

分类得分构成	本期得分	本期排名	得分变化	排名变化
"双创"金融发展综合指数	94.36	1	▼0.31	—
"双创"金融资源供给丰富度	24.35	1	▲0.48	—
"双创"金融服务有效度	25.00	1	▲0.22	—
"双创"金融政策支持度	23.67	1	▼0.07	—
"双创"金融环境承载度	21.34	11	▼0.94	▼7

我们将各分项指数得分构成与全国得分均值和百强城市得分均值进行雷达图比较,可以发现,北京在"双创"金融资源供给丰富度、"双创"金融服务有效度、"双创"金融政策支持度三个方面远远超过全国和百强城市平均水平,但在"双创"金融环境承载度指标上,对全国和百强城市的领

先优势较小。具体见图 13-1。

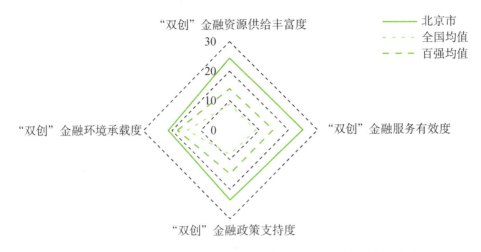

图 13-1　北京"双创"金融指数得分分项构成与百强城市及全国均值比较

我们进一步剖析三级指标数据，可以发现北京"双创"金融发展堪称"强悍"，在总共 27 个三级指标中，北京有 19 个指标排第 1 名，有 22 个指标排前三名。在"双创"金融资源供给丰富度方面，北京除了商业银行网点密度排名（第 39 名）相对靠后外，其余指标全部排第 1 名，体现了北京在金融资源供给方面的强大优势。在"双创"金融服务有效度方面，各项指标全部排第 1 名，表现极为突出，直接体现了北京"双创"金融发展在创新创业企业培育中的显著成效。在"双创"金融政策支持度方面，北京表现相对一般，其中"专项政策内容支持量"一项，仅排全国第 12 名，表明北京"双创"金融的发展并非政策驱动的，而主要是市场发展的结果。在"双创"金融环境承载度方面，北京有两项指标明显拖累了整体得分，一个是新设市场主体数为 27.14 万家，仅排全国第 20 名，另一个是人口增长规模，2022 年人口负增长 4.3 万人，排全国第 318 名，这与 2022 年北京相对于全国更为严格的疫情防控政策有一定关系。具体参见表 13-2。

表 13-2　北京"双创"金融指数主要指标与全国均值比较

一级指标	三级指标	单位	时间	全国均值	北京市	指标排名
"双创"金融资源供给丰富度	新增贷款余额	亿元	2022	575.4	8 787	1
	商业银行网点密度	家/万人	2023H1	1.0	1.52	39
	股票融资规模	亿元	2022	49.7	2 242.4	1
	债券融资规模	亿元	2022	1 717.7	186 607.4	1
	私募股权投资案例数	起	2022	36.2	1 084	1
	私募股权投资规模	亿元	2022	45.6	2 488.8	1
	私募股权投资管理人数	家	2023H1	36.6	2 204	1
"双创"金融服务有效度	高新技术企业数	家	2023H1	1 176.3	27 699	1
	"专精特新"企业数	家	2023H1	28.1	589	1
	重点"小巨人"企业数	家	2023H1	5.9	138	1
	A 股上市公司数	家	2022	14.9	458	1
	A 股上市公司市值	亿元	2022	2 504.8	195 205	1
	新三板挂牌企业数	家	2022	19.5	844	1
	新三板挂牌企业规模	亿元	2022	72.4	3 517	1
"双创"金融政策支持度	"双创"金融支持政策搜索热度	分	2023H1	10.6	135	1
	专项政策内容支持量	项	2023H1	349.7	2 859	12
	政府引导基金目标规模	亿元	2023H1	318.8	23 666	1
	地方融资担保机构数	家	2023H1	12.1	56	8
	国家级众创空间数	家	2023H1	7.2	145	1
	国家级科技孵化器数	家	2023H1	4.9	73	2
"双创"金融环境承载度	新设市场主体数	家	2022	85 808.3	271 400	20
	新增商标注册件数	件	2022	16 670.7	387 204	1
	新增发明专利授权量	件	2022	2 000.9	89 493	1
	SCI 论文发表数	篇	2022	4 571.7	224 892	1
	经济规模	亿元	2022	3 550.1	41 611	2
	常住人口规模	万人	2022	414.7	2 184	3
	人口增长规模	万人	2022	-0.2	-4.3	318

→ 13.2 上海

作为中国最重要的金融中心城市，上海在全国337个城市中，"双创"金融指数综合得分排第2名，与上期排名不变，综合得分94.36分，比上期下滑0.31分。

从"双创"金融指数得分构成来看，上海"双创"金融发展各分指数得分总体表现均衡，其中"双创"金融资源供给丰富度、"双创"金融服务有效度、"双创"金融政策支持度得分在337个城市中均排第2名。但值得注意的是，与北京类似，上海在"双创"金融环境承载度得分方面同样表现一般，本期仅排全国第17名，从上期的第1名大幅滑落16个位次。具体见表13-3。

表13-3 上海"双创"金融指数得分与排名变化情况

分类得分构成	本期得分	本期排名	得分变化	排名变化
"双创"金融发展综合指数	89.44	2	▼2.57	—
"双创"金融资源供给丰富度	23.21	2	▼0.31	—
"双创"金融服务有效度	23.99	2	▲0.45	—
"双创"金融政策支持度	21.89	7	▼0.23	▼2
"双创"金融环境承载度	20.34	17	▼2.47	▼16

我们将各分项指数得分构成与全国得分均值和百强城市得分均值进行雷达图比较，可以发现，上海在"双创"金融资源供给丰富度、"双创"金融服务有效度、"双创"金融政策支持度三个方面远远超过全国和百强城市平均水平，但在"双创"金融环境承载度指标上，对全国和百强城市的领先优势较小。具体见图13-2。

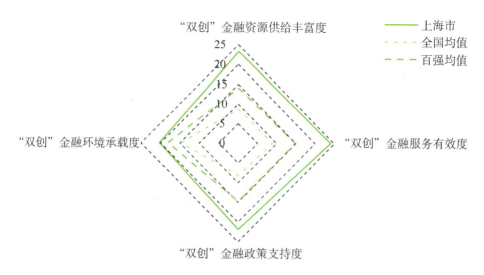

图 13-2　上海"双创"金融指数得分分项构成与百强城市及全国均值比较

我们进一步剖析三级指标数据,可以发现上海"双创"金融发展十分突出,在总共 27 个三级指标中,上海有 21 个指标跻身前三,其中有 15 个指标排第 2 名。

在"双创"金融资源供给丰富度方面,上海除了商业银行网点密度排名(第 71 名)相对靠后,新增贷款余额排第 4 名,其余指标全部排第 2 名,体现了上海作为头部金融中心的强大的金融资源供给优势。

在"双创"金融服务有效度方面,上海各项指标得分全部排全国前三名,表现极为突出,创新创业企业培育成效显著。

在"双创"金融政策支持度方面,上海作为头部金融中心城市,支持力度较大,其中"专项政策内容支持量"一项,排全国第 3 名,"双创"金融支持政策搜索热度高居全国第 2 名,表明上海"双创"金融发展政策的推动力较强。

在"双创"金融环境承载度方面,上海人口增长规模指标明显拖累,2022 年人口负增长达到 13.5 万人,人口流出数量在全国 337 个城市中排第 1 名,这与 2022 年上海长达两个月的疫情封控政策有关。具体参见表 13-4。

表 13-4 上海"双创"金融指数主要指标与全国均值比较

一级指标	三级指标	单位	时间	全国均值	上海市	指标排名
"双创"金融资源供给丰富度	新增贷款余额	亿元	2022	575.4	7 107	4
	商业银行网点密度	家/万人	2023H1	1.0	1.33	71
	股票融资规模	亿元	2022	49.7	1 624.6	2
	债券融资规模	亿元	2022	1 717.7	59 122.1	2
	私募股权投资案例数	起	2022	36.2	900	2
	私募股权投资规模	亿元	2022	45.6	1 754.7	2
	私募股权投资管理人数	家	2023H1	36.6	1 781	2
"双创"金融服务有效度	高新技术企业数	家	2023H1	1 176.3	22 249	3
	"专精特新"企业数	家	2023H1	28.1	501	2
	重点"小巨人"企业数	家	2023H1	5.9	123	2
	A 股上市公司数	家	2022	14.9	417	2
	A 股上市公司市值	亿元	2022	2 504.8	71 875	3
	新三板挂牌企业数	家	2022	19.5	477	2
	新三板挂牌企业规模	亿元	2022	72.4	2 183	2
"双创"金融政策支持度	"双创"金融支持政策搜索热度	分	2023H1	10.6	116	2
	专项政策内容支持量	项	2023H1	349.7	4 825	3
	政府引导基金目标规模	亿元	2023H1	318.8	3 860	5
	地方融资担保机构数	家	2023H1	12.1	30	22
	国家级众创空间数	家	2023H1	7.2	62	10
	国家级科技孵化器数	家	2023H1	4.9	67	3
"双创"金融环境承载度	新设市场主体数	家	2022	85 808.3	414 600	7
	新增商标注册件数	件	2022	16 670.7	350 704	3
	新增发明专利授权量	件	2022	2 000.9	37 381	3
	SCI 论文发表数	篇	2022	4 571.7	106 969	2
	经济规模	亿元	2022	3 550.1	44 653	1
	常住人口规模	万人	2022	414.7	2 476	2
	人口增长规模	万人	2022	-0.2	-13.5	337

➡ 13.3 深圳

作为我国最具活力、最富创新性的城市，深圳在全国 337 个城市中，"双创"金融指数综合得分排第 3 名，与上期持平，综合得分 89.36 分，比上期下降 0.70 分。

从"双创"金融指数得分构成来看，深圳"双创"金融发展各分指数得分总体表现优异，其中"双创"金融资源供给丰富度、"双创"金融服务有效度、"双创"金融政策支持度得分在全国 337 个城市中均排前三名，尤其是"双创"金融政策支持度得分高居全国第 2 名。但与上海、北京类似，深圳"双创"金融环境承载度得分一般，本期仅排全国第 13 名，比上期大幅下滑 10 位。具体见表 13-5。

表 13-5　深圳"双创"金融指数得分与排名变化情况

分类得分构成	本期得分	本期排名	得分变化	排名变化
"双创"金融发展综合指数	89.36	3	▼0.70	—
"双创"金融资源供给丰富度	21.76	3	▼0.42	—
"双创"金融服务有效度	23.19	3	▲0.59	—
"双创"金融政策支持度	23.40	2	▲0.55	—
"双创"金融环境承载度	21.01	13	▼1.42	▼10

我们将各分项指数得分构成与全国得分均值和百强城市得分均值进行雷达图比较，可以发现，深圳在"双创"金融资源供给丰富度、"双创"金融服务有效度、"双创"金融政策支持度三个方面远远超过全国和百强城市平均水平，但在"双创"金融环境承载度分指数上，对全国和百强城市的领先优势较小。具体见图 13-3。

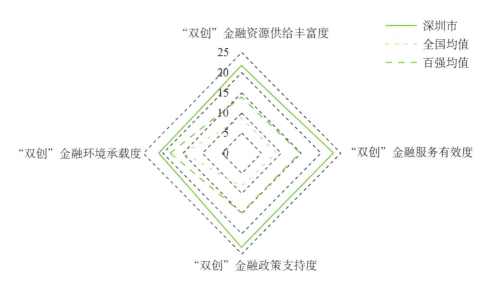

图 13-3 深圳"双创"金融指数得分分项构成与百强城市及全国均值比较

我们进一步剖析三级指标数据,可以发现深圳"双创"金融发展,相对于北京、上海的优异表现略有逊色,在全部 27 个指标中,仅有 16 个指标排前三名。在"双创"金融资源供给丰富度方面,深圳私募股权投资案例数为 242 起,排全国第 8 名,与北京、上海差距明显,新增贷款余额也仅排全国第 6 名。在"双创"金融服务有效度方面,深圳表现优异,各项指标得分基本均排前三名,但重点"小巨人"企业数仅排全国第 4 名。在"双创"金融政策支持度得分方面,深圳表现突出,其中"专项政策内容支持量"一项,排全国第 1 名,政府引导基金目标规模和地方融资担保机构数量、国家级众创空间数量均排全国第 2 名。在"双创"金融环境承载度方面,深圳与其他几个一线城市类似,由于 2022 年疫情期间出现人口流出,人口增长规模指标仅排全国第 266 名,但新增商标注册件数、新增发明专利授权量均排全国第 2 名。具体见表 13-6。

表 13-6　深圳"双创"金融指数主要指标与全国均值比较

一级指标	三级指标	单位	时间	全国均值	深圳市	指标排名
"双创"金融资源供给丰富度	新增贷款余额	亿元	2022	575.4	6 182	6
	商业银行网点密度	家/万人	2023H1	1.0	1.01	167
	股票融资规模	亿元	2022	49.7	1 249.5	3
	债券融资规模	亿元	2022	1 717.7	31 697.5	3
	私募股权投资案例数	起	2022	36.2	242	8
	私募股权投资规模	亿元	2022	45.6	826.2	3
	私募股权投资管理人数	家	2023H1	36.6	1 728	3
"双创"金融服务有效度	高新技术企业数	家	2023H1	1 176.3	23 188	2
	"专精特新"企业数	家	2023H1	28.1	442	3
	重点"小巨人"企业数	家	2023H1	5.9	66	4
	A 股上市公司数	家	2022	14.9	406	3
	A 股上市公司市值	亿元	2022	2 504.8	84 832	2
	新三板挂牌企业数	家	2022	19.5	329	3
	新三板挂牌企业规模	亿元	2022	72.4	1 240	3
"双创"金融政策支持度	"双创"金融支持政策搜索热度	分	2023H1	10.6	92	8
	专项政策内容支持量	项	2023H1	349.7	6 374	1
	政府引导基金目标规模	亿元	2023H1	318.8	6 239	2
	地方融资担保机构数	家	2023H1	12.1	92	2
	国家级众创空间数	家	2023H1	7.2	111	2
	国家级科技孵化器数	家	2023H1	4.9	49	8
"双创"金融环境承载度	新设市场主体数	家	2022	85 808.3	446 940	4
	新增商标注册件数	件	2022	16 670.7	370 044	2
	新增发明专利授权量	件	2022	2 000.9	52 161	2
	SCI 论文发表数	篇	2022	4 571.7	43 116	9
	经济规模	亿元	2022	3 550.1	32 388	3
	常住人口规模	万人	2022	414.7	1 766	6
	人口增长规模	万人	2022	-0.2	-2.0	266

→ 13.4 杭州

杭州是近年来炙手可热的新经济发展排头兵和直播电商之都，在全国 337 个城市中，"双创"金融指数综合得分排第 4 名，与上期排名持平，综合得分 87.02 分，比上期得分提高 2.6 分，排名仅次于北京、上海、深圳三个全国性金融中心城市，表现优异。

从"双创"金融指数得分构成来看，杭州"双创"金融发展各分指数得分表现优秀，均排全国前四名。其中"双创"金融环境承载度得分表现尤为突出，本期排第 1 名，比上期上升 6 位。"双创"金融服务有效度得分排第 4 名，比上期大幅上升 7 位；"双创"金融政策支持度得分排第 3 名，"双创"金融资源供给丰富度和"双创"金融政策支持度得分分别排第 4 名和第 3 名，与上期排名持平。具体见表 13-7。

表 13-7　杭州"双创"金融指数得分与排名变化情况

分类得分构成	本期得分	本期排名	得分变化	排名变化
"双创"金融发展综合指数	87.02	4	▲2.60	—
"双创"金融资源供给丰富度	20.87	4	▼0.09	—
"双创"金融服务有效度	20.59	4	▲1.42	▲7
"双创"金融政策支持度	22.65	3	▲0.26	—
"双创"金融环境承载度	22.91	1	▲1.01	▲6

我们将各分项指数得分构成与全国得分均值和百强城市得分均值进行雷达图比较，可以发现，杭州在"双创"金融资源供给丰富度、"双创"金融服务有效度、"双创"金融政策支持度、"双创"金融环境支持度四个方面的得分表现较为均衡，且均明显超过全国和百强城市平均水平，但在"双创"金融资源供给丰富度、"双创"金融服务有效度两个方面得分与全国顶尖水平尚有一定差距。具体见图 13-4。

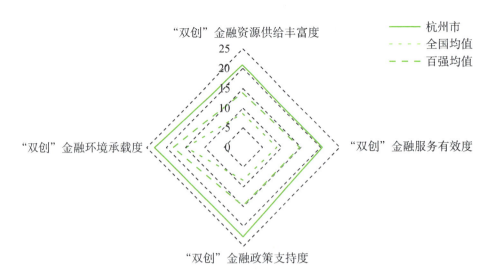

图 13-4　杭州"双创"金融指数得分分项构成与百强城市及全国均值比较

我们进一步剖析三级指标数据,可以发现总体而言杭州各分指数排名特别靠前的不多,但也基本没有特别拖后腿的,整体表现较为稳健。

在"双创"金融资源供给丰富度方面,杭州私募股权投资管理人数和私募股权投资案例数得分分别排全国第 4 名和第 5 名,私募股权投资发展走在全国前列。

在"双创"金融服务有效度方面,杭州 A 股上市公司数、A 股上市公司市值均排全国第 4 名,已经超过广州,跻身上市公司发展的"一线城市"。

在"双创"金融政策支持度方面,杭州体现出更多的市场力量,"专项政策内容支持量"仅排全国第 7 名,但"双创"金融支持政策搜索热度、国家级众创空间数、国家级科技孵化器数均排全国第 4 名。

在"双创"金融环境承载度方面,与北京、上海、深圳等一线城市2022 年人口流出导致排名大幅下滑不同,杭州 2022 年人口逆势大幅流入17.2 万人,高居全国第 2 名,体现了杭州突出的城市热度和城市吸引力,也体现了在后疫情时代,电商、直播等线上化业务深度发展的趋势。具体见表 13-8。

表 13-8 杭州"双创"金融指数主要指标与全国均值比较

一级指标	三级指标	单位	时间	全国均值	杭州市	指标排名
"双创"金融资源供给丰富度	新增贷款余额	亿元	2022	575.4	6 031	7
	商业银行网点密度	家/万人	2023H1	1.0	1.34	66
	股票融资规模	亿元	2022	49.7	553.8	7
	债券融资规模	亿元	2022	1 717.7	15 554.0	6
	私募股权投资案例数	起	2022	36.2	385	5
	私募股权投资规模	亿元	2022	45.6	458.7	7
	私募股权投资管理人数	家	2023H1	36.6	737	4
"双创"金融服务有效度	高新技术企业数	家	2023H1	1 176.3	12 762	5
	"专精特新"企业数	家	2023H1	28.1	207	7
	重点"小巨人"企业数	家	2023H1	5.9	28	13
	A股上市公司数	家	2022	14.9	215	4
	A股上市公司市值	亿元	2022	2 504.8	27 993	4
	新三板挂牌企业数	家	2022	19.5	187	6
	新三板挂牌企业规模	亿元	2022	72.4	472	9
"双创"金融政策支持度	"双创"金融支持政策搜索热度	分	2023H1	10.6	97	4
	专项政策内容支持量	项	2023H1	349.7	3 434	7
	政府引导基金目标规模	亿元	2023H1	318.8	3 682	6
	地方融资担保机构数	家	2023H1	12.1	80	3
	国家级众创空间数	家	2023H1	7.2	88	4
	国家级科技孵化器数	家	2023H1	4.9	65	4
"双创"金融环境承载度	新设市场主体数	家	2022	85 808.3	288 500	17
	新增商标注册件数	件	2022	16 670.7	177 843	5
	新增发明专利授权量	件	2022	2 000.9	29 721	4
	SCI论文发表数	篇	2022	4 571.7	55 401	7
	经济规模	亿元	2022	3 550.1	18 753	9
	常住人口规模	万人	2022	414.7	1 238	12
	人口增长规模	万人	2022	-0.2	17.2	2

➡ 13.5 成都

作为近年来备受瞩目的"网红城市",成都市在全国337个城市中,"双创"金融指数综合得分排第5名,综合得分83.64分,比上期提高0.84分,综合排名上升1位,是全国排名前五城市中,唯一一个排名上升的城市。值得注意的是,在"双创"金融发展水平得分排名前十强的城市中,成都(与重庆)是"唯二"的来自西南内陆区域的城市,排中西部第1名。

从"双创"金融指数得分构成来看,成都在"双创"金融服务有效度、"双创"金融环境承载度两个方面得分分别排第8名和第2名,比上期分别上升1位和4位。"双创"金融资源供给丰富度得分排第10名,与上期持平。"双创"金融政策支持度得分排第6名,比上期下滑2位。具体见表13-9。

表13-9 成都"双创"金融指数得分与排名变化情况

分类得分构成	本期得分	本期排名	得分变化	排名变化
"双创"金融发展综合指数	83.64	5	▲0.84	▲1
"双创"金融资源供给丰富度	19.02	10	▲0.15	—
"双创"金融服务有效度	20.03	8	▲0.51	▲1
"双创"金融政策支持度	21.92	6	▼0.26	▼2
"双创"金融环境承载度	22.67	2	▲0.43	▲4

我们将各分项指数得分构成与全国得分均值和百强城市得分均值进行雷达图比较,可以发现,成都在"双创"金融资源供给丰富度、"双创"金融服务有效度两个方面得分对全国和百强城市平均水平有一定优势,但与全国顶尖水平还有一定差距;"双创"金融环境承载度和"双创"金融政策支持度两个分指数则已经接近全国顶尖水平。具体见图13-5。

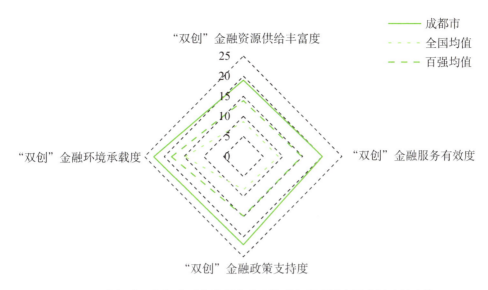

图 13-5 成都"双创"金融指数得分分项构成与百强城市及全国均值比较

我们进一步剖析三级指标数据，可以发现成都"双创"金融发展已取得一些细分领域的突出优势。

在"双创"金融资源供给丰富度方面，成都的新增贷款余额、股票融资规模两项指标分别排全国第 5 名和第 6 名，在传统的间接融资和直接融资两方面均表现突出，从侧面反映了创新创业活动的活跃度。

在"双创"金融服务有效度方面，高新技术企业数、"专精特新"企业数、重点"小巨人"企业数、A 股上市公司数得分均跻身排名前十强。

在"双创"金融政策支持度方面，成都在"专项政策内容支持量"和"'双创'金融支持政策搜索热度"两项得分分别排第 2 名和第 3 名，体现出极强的金融政策支持力度和热度。

在"双创"金融环境承载度方面，成都 2022 年新增市场主体达到 57.94 万家，高居全国第 2 名，直接体现了超高的创新创业热度；常住人口规模已达到 2 127 万人，排全国第 4 名，"双创"金融发展潜力巨大；在国内主要城市因为疫情出现人口流出的情况下，成都 2022 年依然实现了 7.6 万人的人口净流入，排全国第 13 名。具体参见表 13-10。

表 13-10　成都"双创"金融指数主要指标与全国均值比较

一级指标	三级指标	单位	时间	全国均值	成都市	指标排名
"双创"金融资源供给丰富度	新增贷款余额	亿元	2022	575.4	6 628	5
	商业银行网点密度	家/万人	2023H1	1.0	0.99	170
	股票融资规模	亿元	2022	49.7	586.1	6
	债券融资规模	亿元	2022	1 717.7	12 071.0	9
	私募股权投资案例数	起	2022	36.2	72	37
	私募股权投资规模	亿元	2022	45.6	261.1	14
	私募股权投资管理人数	家	2023H1	36.6	234	11
"双创"金融服务有效度	高新技术企业数	家	2023H1	1 176.3	11 407	8
	"专精特新"企业数	家	2023H1	28.1	198	9
	重点"小巨人"企业数	家	2023H1	5.9	45	7
	A 股上市公司数	家	2022	14.9	113	9
	A 股上市公司市值	亿元	2022	2 504.8	12 901	10
	新三板挂牌企业数	家	2022	19.5	132	8
	新三板挂牌企业规模	亿元	2022	72.4	378	11
"双创"金融政策支持度	"双创"金融支持政策搜索热度	分	2023H1	10.6	100	3
	专项政策内容支持量	项	2023H1	349.7	5 647	2
	政府引导基金目标规模	亿元	2023H1	318.8	3 262	8
	地方融资担保机构数	家	2023H1	12.1	67	5
	国家级众创空间数	家	2023H1	7.2	48	13
	国家级科技孵化器数	家	2023H1	4.9	24	18
"双创"金融环境承载度	新设市场主体数	家	2022	85 808.3	579 400	2
	新增商标注册件数	件	2022	16 670.7	124 574	6
	新增发明专利授权量	件	2022	2 000.9	19 526	9
	SCI 论文发表数	篇	2022	4 571.7	56 702	6
	经济规模	亿元	2022	3 550.1	20 818	7
	常住人口规模	万人	2022	414.7	2 127	4
	人口增长规模	万人	2022	−0.2	7.6	13

专栏 13-1　成都大力支持青年人才创新创业，打造"圆梦之都"①

近年来，青年为成都科技创新注入了源源不断的青春力量，青年成为创新创业的主力军。目前，成都的高新技术企业数量不断增长，创业板上市企业数量排全国第 6 名，城市创新指数排第 29 名。成都已建设了 139 个国家级创新平台，创新资源不断集聚，创新能力不断增强。

一、打造青年创新创业"一站式"服务平台

针对成都青年创新创业工作，成都多个市级部门联动，打造青年创新创业"一站式"服务平台。通过"多部门联动、多载体协同、多场景供给、多政策集成"，整合社会资源，助力怀揣创业梦想的青年逐梦成都、扎根成都。

一是统筹孵化资源，着力解决青年创业"落地难"问题。聚焦青年创业落地孵化，打造青年创新创业"一站式"服务平台，统筹全市各类创业园、孵化器、创业苗圃等资源，为在蓉青年创业项目落地孵化申请提供"一键式"服务接口。截至 2023 年 7 月底，已累计上线 800 家孵化场所，为 8 842 个青年创业项目提供孵化入驻服务。

二是强金融扶持，着力解决青年创业"融资难"问题。聚焦金融服务升级，围绕不同层次青年创业项目金融服务需要，打造涵盖"无偿资助+无息借款+债权服务+股权支持"的创业全周期金融帮扶体系。实施"青创计划"，对符合条件的青年创业项目提供最长 3 年、最高 10 万元的无息借款。联合市金融监管局、市再担保公司，推出"蓉易贷·蓉青贷"青年创业专项普惠信贷产品，解决创业青年在自主创业的成长初期利润低、资产轻的贷款困境和小微企业在扩大生产经营过程中流动资金不足问题。

三是建护航平台，着力解决青年创业"成长难"问题。聚焦青年创业

---

① 资料来自成都市地方金融管理局、成都交子金融控股集团。

导师智库，选聘 102 名导师，开展巡诊、问诊、赛前培训等服务活动，帮助创业青年解决具体问题。围绕创业通识课程、企业成长课程、实战经验分享三大类别，录制符合成都实情、精简实用的创业课程 60 门，实现"线上学习+线下辅导"、学以致用的有效结合。

四是强化要素协同，着力解决青年创业"组队难"问题。聚焦青年创业组队需求，创业者可在对接平台上发布项目合伙需求，通过平台集中发出合作邀约，为青年创新创业项目和合伙人牵线搭桥。同时，线下参与资源对接、项目路演、产业应用场景体验等，优化创业要素资源配置，助推创新创业升级。

二、大力实施"青年创新创业就业筑梦工程"

大力实施"青年创新创业就业筑梦工程"，持续推动政策迭代升级、平台构筑、品牌塑造和服务升级，着力为广大青年人才提供人生出彩的广阔舞台。

一是突出政策进阶，以城市之名广聚青年人才。聚力完善人才政策体系，出台成都人才新政"1.0""2.0"和"3.0"版，推动从"拼政策给优惠"向"搭平台给机会"再向"优平台营生态"迭代升级。截至 2023 年 6 月底，成都人才总量达 622.32 万人，排全国第 4 名，荣登《财富》杂志"大学生和青年求职者吸引力城市"榜首，连续 4 年荣获"中国最佳引才城市"奖，成为年轻人的向往之城。着力引聚青年科技人才，在全国率先推出"先落户后就业""先安居后就业"，吸引落户青年人才近 70 万人。支持用人主体设立"两站一基地"，针对博士后、博士和硕士人才量身定制专项政策，完善科研项目"揭榜挂帅""赛马"制度，让青年人才挑大梁、当主角。倾力支持人才创新创业，实施"蓉漂计划""蓉城英才计划""产业建圈强链人才计划"，给予个人最高 300 万元、团队最高 1 000 万元资助，推出"人才贷""研发贷""成果贷"科技金融组合产品，累计发放贷款超过 79 亿元，广大青年人才创新创业底气更足、羽翼更丰满。

二是突出平台构筑，以城市机遇成就青年人才。锻造战略科技"国家队"，推动 12 个国家重点实验室在蓉集聚，4 个方向天府实验室实体化运营，4 个国家重大科技基础设施加快建设，145 个国家级科技创新平台建成布局，努力造就科技创新策源之地、青年价值实现之地。打造创新创业"强磁场"，实施高新技术企业倍增计划，培养 1.16 万家国家级高新技术企业、202 家"专精特新""小巨人"企业，推动 36 家人才企业顺利上市，成都跻身全国"双创"第四城，为广大青年人才筑业兴业提供丰富场景。扩展校院企地"朋友圈"，构建校院企地人才发展共同体，联动首批 107 家成员单位开展人才共引、政策叠加、项目衔接、平台共建和服务共享，与清华大学、北京大学、中科院等 21 家高校院所建立战略合作关系，规划建设 10 个环高校知识经济圈，推动实现"聚四海之智、借八方之力"。

三是突出品牌引领，以"蓉漂"品牌感召青年人才。着眼招才引智，开展"蓉漂人才荟"，赴伦敦、东京、北（京）上（海）广（州）等境内外重点城市举办近 1 000 场次招才引智活动，签约超过 20 万人，搭建"蓉漂杯"赛事平台，累计吸引 1 453 个项目，落地项目投资额达 73.95 亿元。着眼育才提能，创设"蓉漂人才发展学院"，培养跨界融合、面向未来的复合型人才，链接"首尔大学职业发展中心""混沌大学"等 25 家优质培训机构资源，累计培训近 50 万人次。着眼拴心留才，设立"蓉漂人才日"，以专属节日诠释"更好的成都，成就更好的你"，布局"蓉漂青年人才驿站"，为应届毕业生求职提供短期免费住宿，累计接待超过 8 万名青年大学生入住。

四是突出生态营造，以优质服务护航青年人才。秉持"数智赋能"理念，高质量建设智慧人才服务平台，大家通过微信小程序搜索使用"成都智慧人才"，最多只需回答 7 个问题，便可获取"掌上可及"的人才政策和兑现路径，切实推动从"人才找政策"向"政策找人才"转变。秉持"宜居宜人"理念，高标准实施人才安居工程，构建"租售补"一体的人才安居服务体系，硕士研究生及以上学历人才购买人才公寓可享受政策面积 8.5

折优惠，着力实现"蓉漂之后，再无漂泊"。秉持"共建共享"理念，高水平打造"成都人才综合服务中心"一站式服务枢纽，构建"1+4+N"人才工作服务网络，规划建设蓉漂人才公园，充分传递"人才是第一资源"的美学表达。

➡ 13.6 苏州

一直以来，苏州以"制造强市"著称。近年来，苏州展现出创新创业蓬勃发展的全新气象，金融业发展也被提高到全新能级。在全国 337 个城市中，苏州本期"双创"金融指数综合得分排第 6 名，比上期上升 2 个位次，综合得分 83.04 分，比上期上升 0.87 分。

从"双创"金融指数得分构成来看，苏州"双创"金融发展各分指数得分表现出现一定分化，"双创"金融资源供给丰富度、"双创"金融服务有效度得分表现优秀，均排全国第 5 名，其中"双创"金融资源供给丰富度得分比上期上升 2 个位次；"双创"金融政策支持度、"双创"金融环境承载度得分表现一般，分别排第 11 名、第 8 名。具体见表 13-11。

表 13-11　苏州"双创"金融指数得分与排名变化情况

分类得分构成	本期得分	本期排名	得发分变化	排名变化
"双创"金融发展综合指数	83.04	6	▲0.87	▲2
"双创"金融资源供给丰富度	20.05	5	▲0.74	▲2
"双创"金融服务有效度	20.28	5	▼0.43	▼1
"双创"金融政策支持度	20.92	11	▲0.09	▼1
"双创"金融环境承载度	21.80	8	▲0.46	—

我们将各分项指数得分构成与全国得分均值和百强城市得分均值进行雷达图比较，可以发现，苏州在"双创"金融资源供给丰富度、"双创"金

融服务有效度、"双创"金融政策支持度、"双创"金融环境承载度四个方面的得分均超过了全国和百强城市平均水平,但与全国顶尖水平还有较明显的差距。具体见图13-6。

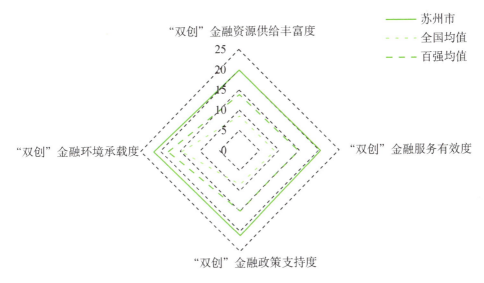

图13-6 苏州"双创"金融指数得分分项构成与百强城市及全国均值比较

我们进一步剖析三级指标数据,可以发现苏州"双创"金融发展的部分细分指标上颇具亮点。在"双创"金融资源供给丰富度方面,苏州的新增贷款余额高居全国第3名,股票融资规模高居全国第4名,体现了作为工业强市充沛的金融需求。在"双创"金融服务有效度方面,苏州高新技术企业数量、A股上市公司数、新三板挂牌企业数、新三板挂牌企业规模得分均排全国前五名,市场主体培育发展潜力巨大。在"双创"金融政策支持度方面,苏州"专项政策内容支持量"得分高居全国第2名,表现十分亮眼。在"双创"金融环境承载度方面,苏州表现出深厚的创新创业潜力和广阔的"双创"金融需求,新设市场主体数29.22万个,得分高居全国第2名,常住人口规模1 291万人,高居全国第4名。具体见表13-12。

表 13-12　苏州"双创"金融指数主要指标与全国均值比较

一级指标	三级指标	单位	时间	全国均值	苏州市	指标排名
"双创"金融资源供给丰富度	新增贷款余额	亿元	2022	575.4	7 420	3
	商业银行网点密度	家/万人	2023H1	1.0	1.19	110
	股票融资规模	亿元	2022	49.7	734.4	4
	债券融资规模	亿元	2022	1 717.7	7 310.7	14
	私募股权投资案例数	起	2022	36.2	274	6
	私募股权投资规模	亿元	2022	45.6	357.6	11
	私募股权投资管理人数	家	2023H1	36.6	357	7
"双创"金融服务有效度	高新技术企业数	家	2023H1	1 176.3	13 661	4
	"专精特新"企业数	家	2023H1	28.1	169	11
	重点"小巨人"企业数	家	2023H1	5.9	18	24
	A股上市公司数	家	2022	14.9	197	5
	A股上市公司市值	亿元	2022	2 504.8	16 197	7
	新三板挂牌企业数	家	2022	19.5	259	4
	新三板挂牌企业规模	亿元	2022	72.4	900	4
"双创"金融政策支持度	"双创"金融支持政策搜索热度	分	2023H1	10.6	62	17
	专项政策内容支持量	项	2023H1	349.7	2 991	2
	政府引导基金目标规模	亿元	2023H1	318.8	1 735	8
	地方融资担保机构数	家	2023H1	12.1	31	5
	国家级众创空间数	家	2023H1	7.2	84	13
	国家级科技孵化器数	家	2023H1	4.9	76	18
"双创"金融环境承载度	新设市场主体数	家	2022	85 808.3	292 200	2
	新增商标注册件数	件	2022	16 670.7	91 268	6
	新增发明专利授权量	件	2022	2 000.9	20 419	9
	SCI论文发表数	篇	2022	4 571.7	17 610	6
	经济规模	亿元	2022	3 550.1	23 958	7
	常住人口规模	万人	2022	414.7	1 291	4
	人口增长规模	万人	2022	-0.2	6.3	13

➜ 13.7 广州

作为国内四大一线城市之一,从数据来看,本期广州"双创"金融发展综合指数出现明显下滑,在全国337个城市中,"双创"金融指数综合得分排第7名,比上期滑落2个位次,综合得分82.36分,比上期下降1.77分。

从"双创"金融指数得分构成来看,广州"双创"金融发展各分指数得分表现出现分化,其中"双创"金融资源供给丰富度、"双创"金融服务有效度、"双创"金融政策支持度得分表现不差,分别排第6名、第6名和第4名,其中"双创"金融服务有效度得分排名提高1位,"双创"金融政策支持度得分排名提高2位。但"双创"金融环境承载度得分表现很一般,仅排全国第19名,比上期大幅下滑17位。具体见表13-13。

表13-13 广州"双创"金融指数得分与排名变化情况

分类得分构成	本期得分	本期排名	得分变化	排名变化
"双创"金融发展综合指数	82.36	7	▼1.77	▼2
"双创"金融资源供给丰富度	19.97	6	▲0.10	▼1
"双创"金融服务有效度	20.09	6	▲0.08	▲1
"双创"金融政策支持度	22.17	4	▲0.41	▲2
"双创"金融环境承载度	20.13	19	▼2.36	▼17

我们将各分项指数得分构成与全国得分均值和百强城市得分均值进行雷达图比较,可以发现,广州在"双创"金融资源供给丰富度和"双创"金融服务有效度两方面得分对全国和百强城市平均水平有一定优势,但在"双创"金融环境承载度、"双创"金融政策支持度两方面得分对全国和百强城市的领先优势较小。具体见图13-7。

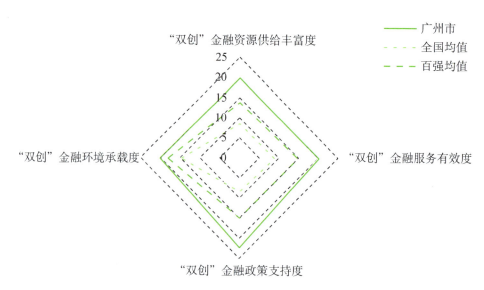

图 13-7 广州"双创"金融指数得分分项构成与百强城市及全国均值比较

我们进一步剖析三级指标数据,可以发现广州"双创"金融发展的各细分指标分化明显,部分指标得分排名全国前列,部分指标得分则与一线城市地位不匹配。在"双创"金融资源供给丰富度方面,广州新增贷款余额、债券融资规模、私募股权投资规模得分分别排全国第 2 名、第 4 名和第 5 名,体现了广州作为老牌一线城市的雄厚经济底蕴。在"双创"金融服务有效度方面,广州各项指标得分整体表现一般,尤其是"专精特新"企业数、重点"小巨人"企业数得分分别排全国第 16 名和全国第 15 名,在创新企业培育方面已经出现一定滞后。但广州已经意识到这方面的问题,在"双创"金融政策支持度方面,"双创"金融支持政策搜索热度、"专项政策内容支持量"、政府引导基金目标规模三项指标分别排全国第 5 名、第 5 名和第 3 名,体现了较强的金融政策支持力度和热度。在"双创"金融环境承载度方面,广州体现出较强的底蕴和潜力,新设市场主体数、新增商标注册件数、新增发明专利授权量、SCI 论文发表数、经济规模、常住人口规模等指标全部排名全国前六,但与其他几个一线城市类似,广州 2022 年也出现人口净流出,该项指标得分排名在全国倒数行列,拖累了整体得分。具体见表 13-14。

表 13-14　广州"双创"金融指数主要指标与全国均值比较

一级指标	三级指标	单位	时间	全国均值	广州市	指标排名
"双创"金融资源供给丰富度	新增贷款余额	亿元	2022	575.4	7 519	2
	商业银行网点密度	家/万人	2023H1	1.0	1.19	108
	股票融资规模	亿元	2022	49.7	338.3	12
	债券融资规模	亿元	2022	1 717.7	18 954.4	4
	私募股权投资案例数	起	2022	36.2	141	15
	私募股权投资规模	亿元	2022	45.6	539.9	5
	私募股权投资管理人数	家	2023H1	36.6	372	6
"双创"金融服务有效度	高新技术企业数	家	2023H1	1 176.3	12 297	7
	"专精特新"企业数	家	2023H1	28.1	121	16
	重点"小巨人"企业数	家	2023H1	5.9	27	15
	A 股上市公司数	家	2022	14.9	146	6
	A 股上市公司市值	亿元	2022	2 504.8	20 480	6
	新三板挂牌企业数	家	2022	19.5	230	5
	新三板挂牌企业规模	亿元	2022	72.4	695	8
"双创"金融政策支持度	"双创"金融支持政策搜索热度	分	2023H1	10.6	94	5
	专项政策内容支持量	项	2023H1	349.7	4 145	5
	政府引导基金目标规模	亿元	2023H1	318.8	6 058	3
	地方融资担保机构数	家	2023H1	12.1	44	15
	国家级众创空间数	家	2023H1	7.2	57	12
	国家级科技孵化器数	家	2023H1	4.9	64	5
"双创"金融环境承载度	新设市场主体数	家	2022	85 808.3	415 200	6
	新增商标注册件数	件	2022	16 670.7	310 356	4
	新增发明专利授权量	件	2022	2 000.9	26 929	6
	SCI 论文发表数	篇	2022	4 571.7	70 892	4
	经济规模	亿元	2022	3 550.1	28 839	5
	常住人口规模	万人	2022	414.7	1 873	5
	人口增长规模	万人	2022	-0.2	-7.6	333

→ 13.8 武汉

在全国 337 个城市中,武汉本期"双创"金融指数综合得分排第 8 名,比上期下滑 1 位,综合得分 82.17 分,比上期下滑 0.56 分。

从"双创"金融指数得分构成来看,武汉"双创"金融发展各分指数得分表现出现分化,其中"双创"金融资源供给丰富度、"双创"金融服务有效度、"双创"金融政策支持度三项得分表现一般,分别排全国第 11 名、第 10 名和第 8 名,其中"双创"金融服务度指标得分比上期下滑 5 位。但"双创"金融环境承载度得分表现突出,本期排全国第 3 名,比上期排名提升 2 位。具体见表 13-15。

表 13-15 武汉"双创"金融指数得分与排名变化情况

分类得分构成	本期得分	本期排名	得分变化	排名变化
"双创"金融发展综合指数	82.17	8	▼0.56	▼1
"双创"金融资源供给丰富度	18.47	11	▼0.20	—
"双创"金融服务有效度	19.44	10	▼0.64	▼5
"双创"金融政策支持度	21.89	8	▲0.19	▼1
"双创"金融环境承载度	22.37	3	▲0.10	▲2

我们将各分项指数得分构成与全国得分均值和百强城市得分均值进行雷达图比较,可以发现,武汉"双创"金融资源供给丰富度、"双创"金融服务有效度、"双创"金融政策支持度、"双创"金融环境承载度四个方面的得分都明显超过全国和百强城市平均水平,但在"双创"金融服务有效度和"双创"金融环境承载度两个方面的得分与全国平均水平差距明显。具体见图 13-8。

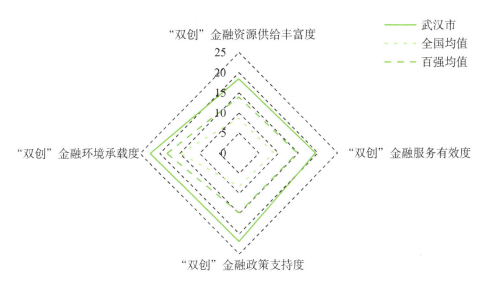

图 13-8　武汉"双创"金融指数得分分项构成与百强城市及全国均值比较

我们进一步剖析三级指标数据,在"双创"金融资源供给丰富度方面,武汉表现很一般,几个细分指标得分均排在全国第 10 名以后,其中股票融资规模、私募股权投资规模两项分别排全国第 19 名和第 20 名,与武汉的经济地位有明显差距,说明武汉直接融资的发展相对滞后。在"双创"金融服务有效度方面,本期武汉得分排名下滑 5 位,一个重要因素是 A 股上市公司市值指标,排名仅为全国第 24 名,与武汉城市经济地位极不匹配;另外,重点"小巨人"企业数、A 股上市公司数也排在全国第 10 名以后。在"双创"金融政策支持度方面,武汉表现较好,其中"双创"金融支持政策搜索热度、地方融资担保机构数、国家级科技孵化器数分别排第 5 名、第 4 名和第 6 名。在"双创"金融环境承载度方面,武汉整体表现一般,但新增发明专利授权量、SCI 论文发表数两项表现较好,分别排全国第 7 名和第 5 名,体现了武汉作为科教重镇的实力。具体见表 13-16。

表 13-16　武汉"双创"金融指数主要指标与全国均值比较

一级指标	三级指标	单位	时间	全国均值	武汉市	指标排名
"双创"金融资源供给丰富度	新增贷款余额	亿元	2022	575.4	3 558	10
	商业银行网点密度	家/万人	2023H1	1.0	1.16	123
	股票融资规模	亿元	2022	49.7	217.5	19
	债券融资规模	亿元	2022	1 717.7	8 683.4	12
	私募股权投资案例数	起	2022	36.2	177	13
	私募股权投资规模	亿元	2022	45.6	201.1	20
	私募股权投资管理人数	家	2023H1	36.6	228	12
"双创"金融服务有效度	高新技术企业数	家	2023H1	1 176.3	12 466	6
	"专精特新"企业数	家	2023H1	28.1	207	7
	重点"小巨人"企业数	家	2023H1	5.9	28	13
	A 股上市公司数	家	2022	14.9	76	12
	A 股上市公司市值	亿元	2022	2 504.8	6 808	24
	新三板挂牌企业数	家	2022	19.5	162	7
	新三板挂牌企业规模	亿元	2022	72.4	444	10
"双创"金融政策支持度	"双创"金融支持政策搜索热度	分	2023H1	10.6	94	5
	专项政策内容支持量	项	2023H1	349.7	2 578	14
	政府引导基金目标规模	亿元	2023H1	318.8	2 750	9
	地方融资担保机构数	家	2023H1	12.1	73	4
	国家级众创空间数	家	2023H1	7.2	60	11
	国家级科技孵化器数	家	2023H1	4.9	53	6
"双创"金融环境承载度	新设市场主体数	家	2022	85 808.3	353 300	10
	新增商标注册件数	件	2022	16 670.7	70 022	17
	新增发明专利授权量	件	2022	2 000.9	23 658	7
	SCI 论文发表数	篇	2022	4 571.7	66 496	5
	经济规模	亿元	2022	3 550.1	18 866	8
	常住人口规模	万人	2022	414.7	1 374	7
	人口增长规模	万人	2022	−0.2	9.0	8

→ 13.9　南京

在全国337个城市中，南京本期"双创"金融指数综合得分排第9名，与上期持平，综合得分80.77分，比上期提高0.71分。

从"双创"金融指数得分构成来看，南京"双创"金融发展各分指数得分表现出现分化。"双创"金融资源供给丰富度和"双创"金融环境承载度两个指标得分表现较好，分别排全国第8名和全国第6名，其中，"双创"金融环境承载度得分本期排名比上期提高3位；"双创"金融服务有效度和"双创"金融政策支持度两方面得分表现一般，分别排全国第13名和全国第12名，尤其是"双创"金融服务有效度得分比上期下滑5位。具体见表13-17。

表13-17　南京"双创"金融指数得分与排名变化情况

分类得分构成	本期得分	本期排名	得发分变化	排名变化
"双创"金融发展综合指数	80.77	9	▲0.71	—
"双创"金融资源供给丰富度	19.38	8	▲0.24	—
"双创"金融服务有效度	18.86	13	▼0.70	▼5
"双创"金融政策支持度	20.47	12	▲0.40	—
"双创"金融环境承载度	22.06	6	▲0.77	▲3

我们将各分项指数得分构成与全国得分均值和百强城市得分均值进行雷达图比较，可以发现，南京在"双创"金融资源供给丰富度、"双创"金融服务有效度、"双创"金融政策支持度、"双创"金融环境承载度四个方面均对全国和百强城市平均水平有一定优势，但与全国顶尖水平仍有明显差距。具体见图13-9。

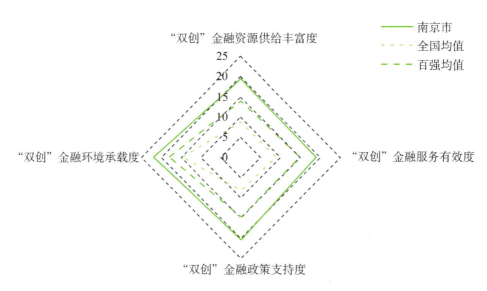

图 13-9　南京"双创"金融指数得分分项构成与百强城市及全国均值比较

　　我们进一步剖析三级指标数据，可以发现在"双创"金融资源供给丰富度方面，南京在债券融资规模分项指标上表现突出，排全国第 5 名，但其余指标均表现一般。在"双创"金融服务有效度方面，南京 A 股上市公司数、A 股上市公司市值得分分别排全国第 7 名和第 9 名，但其他指标表现一般。在"双创"金融政策支持度方面，南京在国家级众创空间数、国家级科技孵化器数两个指标上的得分分别排全国第 6 名和第 7 名，在服务创新创业的载体建设方面表现较好。在"双创"金融环境承载度方面，南京与武汉类似，作为科教名城，新增发明专利授权量、SCI 论文发表数两项指标的得分分别排全国第 5 名和第 3 名，可见南京"双创"金融发展空间和潜力广阔。具体见表 13-18。

表 13-18 南京"双创"金融指数主要指标与全国均值比较

一级指标	三级指标	单位	时间	全国均值	南京市	指标排名
"双创"金融资源供给丰富度	新增贷款余额	亿元	2022	575.4	5 455	8
	商业银行网点密度	家/万人	2023H1	1.0	1.37	61
	股票融资规模	亿元	2022	49.7	205.0	21
	债券融资规模	亿元	2022	1 717.7	17 761.1	5
	私募股权投资案例数	起	2022	36.2	188	11
	私募股权投资规模	亿元	2022	45.6	353.1	12
	私募股权投资管理人数	家	2023H1	36.6	240	10
"双创"金融服务有效度	高新技术企业数	家	2023H1	1 176.3	9 166	11
	"专精特新"企业数	家	2023H1	28.1	105	20
	重点"小巨人"企业数	家	2023H1	5.9	19	23
	A 股上市公司数	家	2022	14.9	117	7
	A 股上市公司市值	亿元	2022	2 504.8	13 752	9
	新三板挂牌企业数	家	2022	19.5	117	11
	新三板挂牌企业规模	亿元	2022	72.4	315	15
"双创"金融政策支持度	"双创"金融支持政策搜索热度	分	2023H1	10.6	88	10
	专项政策内容支持量	项	2023H1	349.7	1 704	23
	政府引导基金目标规模	亿元	2023H1	318.8	1 950	13
	地方融资担保机构数	家	2023H1	12.1	28	26
	国家级众创空间数	家	2023H1	7.2	71	6
	国家级科技孵化器数	家	2023H1	4.9	52	7
"双创"金融环境承载度	新设市场主体数	家	2022	85 808.3	256 500	24
	新增商标注册件数	件	2022	16 670.7	74 265	15
	新增发明专利授权量	件	2022	2 000.9	28 242	5
	SCI 论文发表数	篇	2022	4 571.7	86 367	3
	经济规模	亿元	2022	3 550.1	16 908	10
	常住人口规模	万人	2022	414.7	949	24
	人口增长规模	万人	2022	-0.2	6.8	15

→ 13.10 重庆

在全国 337 个城市中，重庆本期"双创"金融指数综合得分排第 10 名，比上期提高 2 位，综合得分 80.44 分，比上期提高 2.52 分。

从"双创"金融指数得分构成来看，重庆"双创"金融发展各分指数得分表现出现分化。重庆"双创"金融政策支持度得分表现十分突出，本期排全国第 5 名，比上期提高 3 位。"双创"金融环境承载度得分也表现较好，本期排全国第 10 名，比上期上升 7 位。但"双创"金融资源供给丰富度和"双创"金融服务有效度两方面得分表现一般，分别排全国第 17 名和第 13 名，尤其是在"双创"金融服务有效度方面，得分排名比上期下滑5 位。具体见表 13-19。

表 13-19 重庆"双创"金融指数得分与排名变化情况

分类得分构成	本期得分	本期排名	得分变化	排名变化
"双创"金融发展综合指数	80.44	10	▲2.52	▲2
"双创"金融资源供给丰富度	17.38	17	▼0.08	—
"双创"金融服务有效度	18.86	13	▼0.70	▼5
"双创"金融政策支持度	22.08	5	▲0.55	▲3
"双创"金融环境承载度	21.58	10	▲1.41	▲7

我们将各分项指数得分构成与全国得分均值和百强城市得分均值进行雷达图比较，可以发现，即使是全国十强城市中的最后一名，重庆在"双创"金融资源供给丰富度、"双创"金融服务有效度、"双创"金融政策支持度、"双创"金融环境承载度四个分指数的得分上，也较全国平均水平和百强城市平均水平有明显优势，体现出全国"双创"金融发展的"马太效应"。具体见图 13-10。

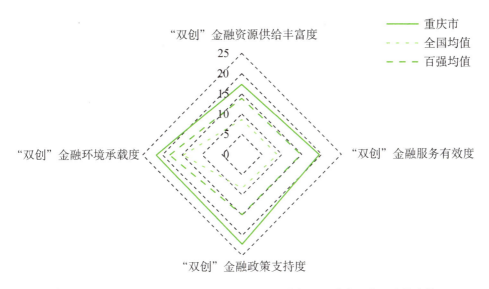

图 13-10 重庆"双创"金融指数得分分项构成与百强城市及全国均值比较

我们进一步剖析三级指标数据，可以发现在"双创"金融资源供给丰富度方面，重庆各分项指标均表现一般，除债券融资规模一项指标得分排全国第8名外，其余指标得分均排在全国第10名以后。在"双创"金融服务有效度方面，重庆"专精特新"企业数、重点"小巨人"企业数两项指标表现较好，表明重庆"双创"金融发展在支持制造业转型升级、培育新产业集群方面取得了一定成绩，但其他各分项指标均表现一般。在"双创"金融政策支持度方面，重庆的表现可谓亮眼，"双创"金融支持政策搜索热度、"专项政策内容支持量"得分分别排全国第5名和第4名，体现出较强的金融政策支持力度和热度，地方融资担保机构数高居全国第1名，融资担保、小额贷款等类金融机构发展已经走在全国前列。在"双创"金融环境承载度方面，重庆同样表现出雄厚的潜力，新设市场主体数得分排全国第3名，经济规模指标得分排全国第4名，常住人口规模得分排全国第1名，重庆未来"双创"金融发展大有可为。具体见表13-20。

表 13-20 重庆"双创"金融指数主要指标与全国均值比较

一级指标	三级指标	单位	时间	全国均值	重庆市	指标排名
"双创"金融资源供给丰富度	新增贷款余额	亿元	2022	575.4	3 124	13
	商业银行网点密度	家/万人	2023H1	1.0	0.76	256
	股票融资规模	亿元	2022	49.7	366.5	11
	债券融资规模	亿元	2022	1 717.7	12 312.7	8
	私募股权投资案例数	起	2022	36.2	130	21
	私募股权投资规模	亿元	2022	45.6	72.1	36
	私募股权投资管理人数	家	2023H1	36.6	124	20
"双创"金融服务有效度	高新技术企业数	家	2023H1	1 176.3	6 395	17
	"专精特新"企业数	家	2023H1	28.1	257	6
	重点"小巨人"企业数	家	2023H1	5.9	63	5
	A股上市公司数	家	2022	14.9	69	16
	A股上市公司市值	亿元	2022	2 504.8	9 467	17
	新三板挂牌企业数	家	2022	19.5	79	19
	新三板挂牌企业规模	亿元	2022	72.4	219	21
"双创"金融政策支持度	"双创"金融支持政策搜索热度	分	2023H1	10.6	94	5
	专项政策内容支持量	项	2023H1	349.7	4 187	4
	政府引导基金目标规模	亿元	2023H1	318.8	1 360	19
	地方融资担保机构数	家	2023H1	12.1	117	1
	国家级众创空间数	家	2023H1	7.2	67	9
	国家级科技孵化器数	家	2023H1	4.9	29	14
"双创"金融环境承载度	新设市场主体数	家	2022	85 808.3	532 300	3
	新增商标注册件数	件	2022	16 670.7	104 609	7
	新增发明专利授权量	件	2022	2 000.9	12 485	12
	SCI论文发表数	篇	2022	4 571.7	33 173	12
	经济规模	亿元	2022	3 550.1	29 129	4
	常住人口规模	万人	2022	414.7	3 213	1
	人口增长规模	万人	2022	−0.2	0.9	62

附录

➡ 附录1　指数研究框架

中国"双创"金融指数（China Innovator and Entrepreneur Finance Index，CIEFI）是在综合前人研究的基础上，充分考虑我国城市统计数据特征，并听取、借鉴大量行业专业人士的意见后，形成的一个目前适用于国内各城市"双创"金融发展状况评价的动态评估指标体系。

一、指标体系（具体见附图1-1）

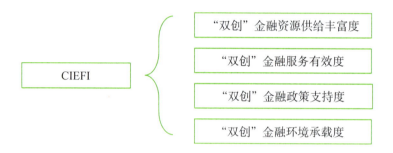

附图1-1　中国"双创"金融指数一级指标体系

CIEFI根据创新创业活动的金融需求特点，从"双创"金融资源供给丰富度、"双创"金融服务有效度、"双创"金融政策支持度和"双创"金融环境承载度四个维度做出评价。

（1）"双创"金融资源供给丰富度。该评价维度主要从地方金融对"双创"活动的服务和支持情况出发，围绕"双创"活动市场主体多元性以及实际资金供给情况进行评价。本期包含7项客观指标。

（2）"双创"金融服务有效度。该评价维度主要评价和反映地方金融服务和支持"双创"事业的实际成效，包括科创企业培育成果以及上市挂牌情况。本期包含7项客观指标。

（3）"双创"金融政策支持度。该评价维度主要评价和反映地方政府在引导金融支持"双创"发展方面所提供的政策支持情况，包括专项政策内容覆盖面、财政资金支持、配套平台服务等。本期包含 6 项客观指标。

（4）"双创"金融环境承载度。该评价维度主要反映一个地区在容纳发展"双创"金融这项特定金融活动时所能承载的市场容量和发展潜力，包括创新创业活跃度、"双创"人才支撑、政府引导支持等方面共计 7 项客观指标。

第 7 期 CIEFI 在过往研究的基础上，优化调整了指标体系，本期指标体系选用的指标共计 27 项，见附表 1-1。

附表 1-1　CIEFI 指标体系

一级指标	二级指标	三级指标
"双创"金融资源供给丰富度	信贷供给	新增贷款余额
		商业银行网点密度
	直接融资供给	股票融资规模
		债券融资规模
	社会资本供给	私募股权投资案例数
		私募股权投资规模
		私募股权投资管理人数
"双创"金融服务有效度	科创企业培育成效	高新技术企业数
		"专精特新"企业数
		重点"小巨人"企业数
	企业上市挂牌成效	A 股上市公司数
		A 股上市公司市值
		新三板挂牌企业数
		新三板挂牌企业规模
"双创"金融政策支持度	政策预期热度	"双创"金融支持政策搜索热度
		专项政策内容支持量
	资金保障力度	政府引导基金目标规模
		地方融资担保机构数
	平台支持强度	国家级众创空间数
		国家级科技孵化器数

一级指标	二级指标	三级指标
"双创"金融环境承载度	创业环境	新设市场主体数
		新增商标注册件数
	创新环境	新增发明专利授权量
		SCI论文发表数
	经济与社会环境	经济规模
		常住人口规模
		人口增长规模

二、数据预处理

本期 CIEFI 主体选用 2023 年 6 月底最新数据，部分指标受限于统计口径和更新周期问题而采用 2022 年数据。对于部分城市在个别指标上的数据缺失，原则上采用可获取的最近一期数据作为补充，部分城市的缺失数据通过利用该城市所在省级行政区的数据进行拟合分配。

三、数据标准化

根据指标数据的样本特征，本报告采用对数转换方法。

其中，对于正指标的标准化公式为：

在 $x_{ij} \geqslant 0$ 情况下，指标标准化得分 $y_{ij} = \ln(x_{ij}+1)/\ln[\,\mathrm{Max}(x_{ij})+1\,]$；

在 $x_{ij} < 0$ 情况下，指标标准化得分 $y_{ij} = -\ln(|x_{ij}|+1)/\ln[\,\mathrm{Max}(|x_{ij}|)+1\,]$；

对于逆指标的标准化公式为：

在 $x_{ij} > 0$ 情况下，指标标准化得分 $y_{ij} = \ln(1/x_{ij})/\ln[\,1/\mathrm{Max}(x_{ij})\,]$。

四、指标赋权方法

本书采用分层赋权方法，一级、二级指标权重由专家逐级打分确定。

专家主要由金融行业从业人员、政府监管部门监管人员、"双创"领域相关研究人员组成。

五、指数计算

本书将各城市相关指标的标准化得分与指标权重相乘后加总，再将指数加总结果放大 100 倍，即可得 CIEFI 指数，包括一个综合指数和各个一级指标分指数。

六、样本城市

本期指数样本城市数量与上期保持一致，即国内 337 个地级及以上级别城市，具体包括 4 个直辖市、293 个地级市、7 个地区、30 个自治州和3 个盟。

➡ 附录2　337 个城市 CIEFI 7 综合评价结果

337 个城市 CIEFI 7 综合评价结果见附表 2-1。

附表 2-1　337 个城市 CIEFI 7 综合评价结果

城市	金融发展综合指数		金融资源供给丰富度		金融服务有效度		金融政策支持度		金融环境承载度	
	得分	排名	得分	排名	得分	排名	得分	排名	得分	排名
北京市	94.36	1	24.35	1	25.00	1	23.67	1	21.34	11
上海市	89.44	2	23.21	2	23.99	2	21.89	7	20.34	17
深圳市	89.36	3	21.76	3	23.19	3	23.40	2	21.01	13
杭州市	87.02	4	20.87	4	20.59	4	22.65	3	22.91	1
成都市	83.64	5	19.02	10	20.03	8	21.92	6	22.67	2
苏州市	83.04	6	20.05	5	20.28	5	20.92	11	21.80	8
广州市	82.36	7	19.97	6	20.09	6	22.17	4	20.13	19
武汉市	82.17	8	18.47	11	19.44	10	21.89	8	22.37	3

附表2-1(续1)

城市	金融发展综合指数		金融资源供给丰富度		金融服务有效度		金融政策支持度		金融环境承载度	
	得分	排名	得分	排名	得分	排名	得分	排名	得分	排名
南京市	80.77	9	19.38	8	18.86	13	20.47	12	22.06	6
重庆市	80.44	10	17.38	17	19.40	11	22.08	5	21.58	10
宁波市	79.59	11	19.95	7	20.02	9	18.64	18	20.98	14
西安市	79.44	12	17.36	20	18.90	12	21.01	9	22.17	5
长沙市	79.40	13	18.47	12	18.79	14	19.95	14	22.19	4
天津市	78.69	14	19.12	9	20.04	7	20.95	10	18.58	36
合肥市	77.59	15	17.36	19	18.55	16	19.83	15	21.85	7
青岛市	76.65	16	17.14	22	18.56	15	19.75	16	21.20	12
郑州市	76.14	17	16.49	23	17.62	20	20.44	13	21.60	9
济南市	75.09	18	18.31	13	17.48	21	18.61	19	20.69	15
厦门市	73.41	19	17.60	15	18.14	18	17.89	24	19.76	25
无锡市	73.36	20	17.44	16	18.17	17	18.16	22	19.58	26
福州市	72.59	21	17.38	18	17.28	22	17.81	25	20.11	21
昆明市	70.70	22	16.05	25	15.52	37	18.54	20	20.59	16
石家庄市	69.83	23	15.96	26	16.06	33	18.28	21	19.53	29
常州市	69.32	24	16.46	24	17.28	23	16.59	33	19.00	33
嘉兴市	69.27	25	17.72	14	17.25	24	15.44	42	18.86	34
佛山市	68.18	26	15.64	29	17.14	25	17.34	28	18.06	48
南通市	68.15	27	15.48	30	16.84	27	16.70	31	19.13	32
东莞市	68.10	28	15.84	27	17.78	19	17.01	29	17.46	54
大连市	67.91	29	14.59	41	16.55	31	16.66	32	20.11	20
南昌市	66.93	30	14.84	37	13.94	52	17.97	23	20.18	18
沈阳市	66.78	31	14.51	42	16.07	32	16.35	34	19.84	23
太原市	66.41	32	15.21	34	14.89	43	16.93	30	19.39	30
珠海市	66.24	33	17.18	21	15.10	41	15.47	41	18.49	40
长春市	65.51	34	14.47	43	14.83	44	17.72	26	18.49	41
哈尔滨市	65.51	35	14.97	36	15.79	35	16.33	35	18.42	42
绍兴市	65.14	36	15.67	28	16.99	26	14.17	53	18.32	44
贵阳市	65.12	37	14.78	38	11.81	89	18.75	17	19.79	24
台州市	64.92	38	15.14	35	16.69	29	14.45	51	18.64	35

附表2-1（续2）

城市	金融发展综合指数		金融资源供给丰富度		金融服务有效度		金融政策支持度		金融环境承载度	
	得分	排名	得分	排名	得分	排名	得分	排名	得分	排名
烟台市	64.85	39	14.67	39	16.66	30	16.10	36	17.42	56
潍坊市	63.20	40	13.51	45	15.14	40	15.20	45	19.36	31
南宁市	62.41	41	12.32	61	12.89	61	17.66	27	19.54	27
金华市	62.18	42	14.15	44	15.70	36	13.83	56	18.50	39
泉州市	62.03	43	12.39	60	14.37	46	15.74	38	19.53	28
徐州市	61.92	44	15.36	32	12.57	68	15.67	39	18.32	43
湖州市	61.35	45	15.47	31	15.98	34	12.65	63	17.24	58
扬州市	60.55	46	13.20	52	14.08	50	15.15	47	18.12	47
淄博市	60.53	47	13.37	48	15.37	38	14.85	49	16.95	67
乌鲁木齐市	60.36	48	15.29	33	13.86	54	14.61	50	16.60	80
海口市	59.83	49	14.66	40	12.61	67	14.00	54	18.55	37
温州市	59.51	50	6.82	204	16.83	28	16.01	37	19.86	22
赣州市	58.97	51	13.47	47	12.71	65	15.29	43	17.50	53
兰州市	58.15	52	12.43	59	11.90	85	15.58	40	18.23	45
镇江市	57.42	53	13.48	46	13.65	55	12.65	64	17.63	52
芜湖市	57.29	54	13.17	53	15.29	39	10.30	97	18.53	38
盐城市	57.23	55	13.30	49	12.08	80	15.18	46	16.67	76
洛阳市	56.71	56	12.02	68	13.46	58	13.11	59	18.12	46
绵阳市	56.71	57	11.61	73	12.84	62	14.36	52	17.91	50
中山市	56.64	58	12.22	62	13.86	53	13.91	55	16.64	77
保定市	56.56	59	12.15	65	12.92	60	14.89	48	16.59	81
泰州市	56.27	60	13.23	50	13.60	56	12.86	62	16.59	82
威海市	56.26	61	11.98	69	14.43	45	13.18	58	16.68	74
宜昌市	56.13	62	12.85	56	13.95	51	11.88	69	17.46	55
唐山市	56.05	63	13.21	51	14.99	42	9.88	103	17.97	49
惠州市	55.93	64	12.89	55	14.11	49	12.29	66	16.64	78
临沂市	55.38	65	10.76	85	12.29	73	15.24	44	17.09	62
济宁市	55.20	66	11.22	79	14.21	47	13.59	57	16.17	94
株洲市	54.46	67	12.45	58	14.12	48	11.67	73	16.22	92
银川市	52.14	68	11.55	74	12.00	82	13.07	60	15.52	122

附表2-1(续3)

城市	金融发展综合指数		金融资源供给丰富度		金融服务有效度		金融政策支持度		金融环境承载度	
	得分	排名	得分	排名	得分	排名	得分	排名	得分	排名
连云港市	51.97	69	11.29	78	12.08	79	11.99	67	16.61	79
衢州市	51.74	70	12.18	64	12.82	63	11.03	88	15.72	110
襄阳市	51.51	71	10.08	96	12.71	64	11.69	72	17.03	63
江门市	51.05	72	11.20	80	12.43	70	11.40	79	16.02	95
呼和浩特市	50.97	73	12.48	57	9.89	131	11.62	74	16.97	66
宿迁市	50.95	74	11.66	72	11.73	92	11.97	68	15.59	117
新乡市	50.89	75	9.83	105	13.58	57	10.55	95	16.93	68
湘潭市	50.87	76	11.47	75	11.77	91	11.70	71	15.92	98
九江市	50.87	77	13.13	54	10.03	125	11.19	85	16.52	84
滨州市	50.51	78	11.08	81	11.97	84	11.61	75	15.85	103
漳州市	50.13	79	9.70	110	11.88	86	11.85	70	16.69	73
宜春市	49.83	80	11.33	77	12.23	74	10.01	99	16.27	90
泰安市	49.63	81	10.83	84	12.43	71	10.94	90	15.43	128
淮安市	49.47	82	10.51	88	10.96	107	11.61	76	16.39	86
丽水市	49.41	83	11.35	76	11.01	106	11.39	80	15.66	114
东营市	49.37	84	9.71	108	11.62	95	11.47	78	16.57	83
柳州市	49.27	85	12.14	66	10.88	111	9.44	110	16.80	70
德州市	49.10	86	9.94	101	12.47	69	11.24	83	15.45	126
滁州市	48.94	87	9.68	111	12.67	66	8.94	128	17.65	51
汕头市	48.74	88	9.88	104	11.61	96	9.98	101	17.27	57
岳阳市	48.61	89	9.88	103	11.82	88	11.25	82	15.66	113
西宁市	48.52	90	12.21	63	8.34	172	12.30	65	15.68	111
廊坊市	48.44	91	9.37	121	12.14	78	11.51	77	15.42	129
马鞍山市	48.16	92	9.71	109	12.34	72	9.39	114	16.73	72
沧州市	48.06	93	9.35	122	12.20	75	9.36	115	17.15	60
南阳市	48.01	94	9.23	125	11.79	90	9.86	104	17.14	61
常德市	47.79	95	9.98	100	11.55	97	10.79	93	15.48	125
蚌埠市	47.77	96	11.04	82	12.16	77	9.10	122	15.48	124
肇庆市	47.73	97	10.72	86	11.07	103	10.28	98	15.67	112
上饶市	47.57	98	12.03	67	10.55	117	9.41	112	15.58	118

附表2-1(续4)

城市	金融发展综合指数		金融资源供给丰富度		金融服务有效度		金融政策支持度		金融环境承载度	
	得分	排名	得分	排名	得分	排名	得分	排名	得分	排名
荆州市	46.57	99	10.92	83	11.34	101	8.05	149	16.26	91
邢台市	46.51	100	10.11	95	12.96	59	8.68	132	14.75	159
桂林市	46.29	101	10.02	98	11.35	100	7.68	159	17.23	59
日照市	46.15	102	8.40	144	9.28	145	12.95	61	15.52	120
宁德市	46.02	103	11.68	71	8.61	161	9.46	109	16.28	89
龙岩市	45.86	104	9.67	112	12.06	81	9.25	117	14.88	150
吉安市	45.74	105	8.77	137	10.17	124	11.04	87	15.77	107
宜宾市	45.51	106	8.77	135	9.24	147	11.22	84	16.28	88
德阳市	45.48	107	8.34	149	10.82	112	10.82	91	15.50	123
安庆市	45.43	108	10.02	97	11.70	93	8.37	140	15.33	133
吉林市	45.14	109	10.29	91	9.56	136	9.66	107	15.64	115
聊城市	45.14	110	8.89	131	11.51	98	9.01	125	15.73	109
衡阳市	45.07	111	8.39	145	10.90	110	9.96	102	15.83	105
包头市	45.00	112	9.94	102	11.06	104	7.54	164	16.47	85
遵义市	44.63	113	8.35	148	11.68	94	7.61	162	16.98	64
咸阳市	44.39	114	9.49	118	10.57	116	8.98	126	15.35	131
铜陵市	44.21	115	10.32	90	10.78	113	9.70	106	13.41	230
益阳市	44.11	116	9.26	124	11.46	99	8.89	129	14.49	171
宣城市	43.76	117	10.21	92	11.97	83	6.51	191	15.07	142
荆门市	43.55	118	8.88	132	10.26	120	9.42	111	14.98	145
拉萨市	43.33	119	11.89	70	9.35	141	9.03	124	13.06	242
许昌市	43.14	120	8.43	143	12.18	76	6.61	188	15.92	99
黄冈市	43.07	121	7.50	174	10.30	118	9.39	113	15.87	102
泸州市	42.87	122	8.76	138	7.13	204	11.14	86	15.85	104
十堰市	42.83	123	9.30	123	9.90	130	7.63	161	16.00	96
孝感市	42.56	124	9.45	119	9.64	134	8.25	144	15.22	135
眉山市	42.34	125	7.76	165	8.85	157	10.80	92	14.93	148
菏泽市	42.26	126	7.08	192	9.31	143	10.54	96	15.34	132
淮北市	42.18	127	10.00	99	9.91	129	8.48	138	13.79	207
湛江市	41.88	128	9.64	113	7.27	200	7.99	151	16.98	65

城市	金融发展综合指数		金融资源供给丰富度		金融服务有效度		金融政策支持度		金融环境承载度	
	得分	排名	得分	排名	得分	排名	得分	排名	得分	排名
晋中市	41.75	129	8.50	141	9.19	149	8.28	143	15.78	106
秦皇岛市	41.53	130	8.30	150	10.23	122	7.91	154	15.09	140
遂宁市	41.50	131	7.67	167	8.95	154	11.01	89	13.87	203
邯郸市	41.50	132	7.66	168	10.92	108	6.92	181	16.00	97
张家口市	41.49	133	10.11	94	8.25	174	8.83	130	14.30	181
六安市	41.26	134	10.35	89	10.75	114	6.18	201	13.97	201
三亚市	41.23	135	10.12	93	6.97	210	8.97	127	15.16	137
鞍山市	41.07	136	9.43	120	11.05	105	5.86	212	14.73	161
阜阳市	40.85	137	8.07	156	10.26	121	6.79	185	15.73	108
郴州市	40.81	138	7.59	172	9.27	146	9.16	119	14.79	154
长治市	40.74	139	7.77	164	9.30	144	9.22	118	14.45	174
宝鸡市	40.59	140	7.43	178	11.28	102	7.39	169	14.49	172
枣庄市	40.58	141	5.37	264	10.66	115	9.77	105	14.78	155
莆田市	40.55	142	6.76	207	8.05	180	10.55	94	15.19	136
抚州市	40.42	143	8.07	155	9.66	133	8.06	148	14.63	166
平顶山市	40.40	144	8.54	140	9.52	137	6.82	184	15.52	121
韶关市	40.39	145	6.66	217	9.46	138	9.12	120	15.16	138
乐山市	40.31	146	9.51	116	8.31	173	7.74	158	14.75	160
舟山市	40.22	147	9.75	107	8.46	166	8.54	136	13.47	229
安阳市	40.16	148	6.72	209	10.21	123	7.34	172	15.90	100
景德镇市	40.07	149	9.51	117	8.12	177	7.78	157	14.65	165
黄石市	40.03	150	9.52	115	10.90	109	5.08	235	14.54	169
运城市	39.98	151	9.09	128	9.42	140	6.72	187	14.75	158
清远市	39.84	152	8.89	130	8.15	175	7.17	175	15.63	116
开封市	39.75	153	8.02	158	8.77	158	7.99	150	14.98	147
榆林市	39.68	154	8.44	142	6.77	216	9.06	123	15.41	130
萍乡市	39.66	155	7.51	173	10.00	126	7.65	160	14.50	170
商丘市	39.60	156	7.29	179	9.17	151	6.47	194	16.67	75
焦作市	39.34	157	2.95	321	11.85	87	8.35	142	16.19	93
黄山市	39.28	158	7.81	162	9.94	128	7.95	153	13.58	220

附表2-1(续6)

城市	金融发展综合指数		金融资源供给丰富度		金融服务有效度		金融政策支持度		金融环境承载度	
	得分	排名	得分	排名	得分	排名	得分	排名	得分	排名
淮南市	39.20	159	7.08	190	8.86	156	8.35	141	14.91	149
咸宁市	39.17	160	7.65	170	6.82	214	9.26	116	15.44	127
三明市	38.94	161	6.88	202	9.18	150	8.67	133	14.21	185
大同市	38.91	162	8.77	136	8.91	155	6.15	202	15.08	141
南平市	38.89	163	8.30	151	10.29	119	6.00	207	14.30	182
邵阳市	38.78	164	7.22	184	8.12	178	8.78	131	14.66	164
达州市	38.72	165	7.16	186	4.71	258	11.29	81	15.55	119
自贡市	38.69	166	7.04	194	8.52	165	9.10	121	14.03	199
临汾市	38.49	167	9.11	127	7.57	194	7.05	179	14.75	157
鹰潭市	38.41	168	8.81	134	9.45	139	6.22	198	13.94	202
信阳市	38.07	169	6.98	196	8.42	169	7.37	171	15.31	134
鄂尔多斯市	37.88	170	6.90	200	6.45	220	8.15	145	16.37	87
梅州市	37.71	171	9.60	114	8.57	163	5.45	230	14.09	196
揭阳市	37.62	172	4.64	290	7.89	183	10.00	100	15.09	139
新余市	37.43	173	10.56	87	7.76	188	5.55	227	13.56	223
池州市	37.12	174	8.86	133	9.20	148	5.49	228	13.57	221
娄底市	37.10	175	8.10	154	7.30	199	7.56	163	14.14	192
濮阳市	37.01	176	6.03	242	9.10	152	7.06	178	14.82	152
怀化市	36.88	177	7.45	176	7.20	201	7.88	155	14.34	179
渭南市	36.83	178	7.16	185	6.98	208	8.51	137	14.17	189
亳州市	36.83	179	7.26	181	8.96	153	6.89	182	13.72	214
南充市	36.64	180	7.83	161	5.66	239	8.13	146	15.02	144
安顺市	36.64	181	8.55	139	7.18	202	7.40	168	13.50	226
承德市	36.62	182	6.75	208	8.39	170	7.23	174	14.24	183
玉溪市	36.49	183	7.24	182	8.08	179	7.16	176	14.01	200
钦州市	36.47	184	9.03	129	5.59	240	7.00	180	14.85	151
驻马店市	36.46	185	7.61	171	8.44	168	5.37	232	15.04	143
衡水市	36.27	186	6.25	228	10.00	127	5.58	224	14.44	176
延安市	36.21	187	7.65	169	4.48	265	9.63	108	14.45	173
周口市	36.17	188	6.09	240	7.79	186	7.51	166	14.77	156

附表2-1(续7)

城市	金融发展综合指数		金融资源供给丰富度		金融服务有效度		金融政策支持度		金融环境承载度	
	得分	排名	得分	排名	得分	排名	得分	排名	得分	排名
曲靖市	36.13	189	6.06	241	6.97	211	6.27	197	16.83	69
漯河市	36.02	190	6.13	238	9.61	135	6.05	205	14.23	184
盘锦市	35.85	191	8.35	147	8.05	181	5.64	220	13.81	206
梧州市	35.69	192	8.23	152	6.79	215	6.49	192	14.19	188
攀枝花市	35.44	193	6.68	213	6.50	219	8.43	139	13.83	204
宿州市	35.36	194	6.65	218	6.05	229	8.10	147	14.57	168
茂名市	35.26	195	5.83	248	5.29	246	7.38	170	16.75	71
铜仁市	35.22	196	8.16	153	5.32	245	7.53	165	14.20	186
河源市	35.08	197	6.22	231	6.07	228	8.65	135	14.15	191
永州市	35.04	198	6.02	243	7.77	187	7.50	167	13.75	212
伊犁州	34.36	199	9.75	106	5.11	248	6.21	199	13.29	233
北海市	34.25	200	7.11	188	7.31	197	5.65	219	14.20	187
潮州市	33.98	201	5.11	275	7.82	185	6.32	196	14.72	162
内江市	33.92	202	6.18	234	5.81	238	8.66	134	13.28	234
六盘水市	33.92	203	8.37	146	4.33	267	7.10	177	14.11	194
玉林市	33.86	204	6.45	221	6.17	226	5.36	233	15.89	101
雅安市	33.70	205	6.28	225	6.37	222	7.27	173	13.78	208
克拉玛依市	33.63	206	8.05	157	8.56	164	5.58	225	11.45	302
广安市	33.29	207	6.70	211	5.56	241	7.87	156	13.15	239
阳泉市	32.92	208	7.44	177	6.99	207	5.45	229	13.03	245
三门峡市	32.74	209	5.97	245	6.98	209	6.12	204	13.67	216
鄂州市	32.68	210	6.81	205	8.02	182	4.67	239	13.19	238
大庆市	32.58	211	6.40	223	7.55	195	3.93	256	14.70	163
黔南州	32.57	212	7.95	159	5.44	243	6.49	193	12.68	260
丹东市	32.33	213	5.82	250	8.62	160	5.63	221	12.25	278
抚顺市	32.30	214	7.08	191	7.72	192	4.48	244	13.03	246
齐齐哈尔市	32.27	215	5.41	260	7.07	206	5.62	222	14.17	190
营口市	32.23	216	4.76	287	9.87	132	4.50	243	13.10	240
凉山州	32.17	217	6.88	201	4.12	277	6.19	200	14.98	146
吕梁市	32.04	218	6.31	224	7.49	196	3.79	262	14.45	175

附表2-1（续8）

城市	金融发展综合指数		金融资源供给丰富度		金融服务有效度		金融政策支持度		金融环境承载度	
	得分	排名	得分	排名	得分	排名	得分	排名	得分	排名
汉中市	31.90	219	4.87	279	6.89	212	5.32	234	14.82	153
赤峰市	31.89	220	5.27	268	7.13	203	5.41	231	14.07	198
忻州市	31.85	221	7.05	193	6.02	230	5.02	236	13.76	209
恩施州	31.79	222	6.66	216	4.25	271	6.76	186	14.12	193
白银市	31.64	223	6.25	229	8.45	167	4.15	248	12.79	254
天水市	31.41	224	5.68	253	7.63	193	4.56	242	13.54	224
随州市	31.36	225	5.49	258	8.14	176	4.12	250	13.61	218
阳江市	31.32	226	5.12	274	6.18	225	5.61	223	14.41	177
毕节市	31.00	227	6.83	203	4.32	269	5.76	214	14.10	195
酒泉市	30.83	228	6.51	220	7.74	191	3.89	257	12.69	259
湘西州	30.80	229	5.95	247	6.38	221	5.65	217	12.82	252
云浮市	30.76	230	6.23	230	6.01	231	4.82	238	13.70	215
鹤壁市	30.70	231	4.99	277	6.18	224	5.97	209	13.56	222
锦州市	30.48	232	2.16	328	8.60	162	5.96	210	13.76	211
昌吉州	30.42	233	1.62	330	9.33	142	6.00	206	13.48	228
通化市	30.27	234	6.27	226	7.76	189	3.98	254	12.26	277
阿克苏地区	30.08	235	7.13	187	4.76	256	4.11	251	14.08	197
吴忠市	30.06	236	6.98	195	7.86	184	2.69	290	12.52	269
巴音郭楞州	29.98	237	7.70	166	4.22	273	6.54	190	11.51	300
通辽市	29.89	238	5.19	271	5.93	233	5.01	237	13.76	210
石嘴山市	29.72	239	3.55	317	8.71	159	5.90	211	11.57	298
安康市	29.60	240	7.09	189	2.85	299	6.14	203	13.52	225
喀什地区	29.59	241	5.41	261	4.90	252	5.56	226	13.72	213
巴中市	29.34	242	6.42	222	3.32	290	7.95	152	11.65	296
资阳市	29.30	243	6.68	214	2.77	302	6.59	189	13.26	235
文山州	29.24	244	9.14	126	4.97	250	2.35	304	12.78	255
晋城市	29.16	245	2.84	325	7.12	205	4.61	240	14.58	167
张家界市	29.15	246	6.71	210	4.30	270	5.65	218	12.49	271
巴彦淖尔市	29.12	247	7.86	160	5.94	232	2.72	287	12.59	265
张掖市	28.82	248	6.15	236	4.41	266	5.68	216	12.57	267

附表2-1(续9)

城市	金融发展综合指数		金融资源供给丰富度		金融服务有效度		金融政策支持度		金融环境承载度	
	得分	排名	得分	排名	得分	排名	得分	排名	得分	排名
汕尾市	28.74	249	5.60	257	2.90	298	6.85	183	13.39	231
延边州	28.64	250	5.67	254	6.24	223	4.60	241	12.13	285
百色市	28.07	251	6.63	219	4.13	276	3.49	266	13.82	205
广元市	28.03	252	6.17	235	3.23	294	5.98	208	12.65	262
黔东南州	27.98	253	7.79	163	3.27	292	4.33	245	12.59	266
铜川市	27.86	254	5.39	262	4.99	249	5.84	213	11.63	297
贺州市	27.46	255	5.30	265	4.71	259	3.87	259	13.58	219
牡丹江市	27.42	256	4.33	303	6.67	217	3.33	270	13.09	241
保山市	27.41	257	6.77	206	3.70	282	3.89	258	13.05	243
普洱市	27.07	258	5.65	256	4.97	251	3.75	263	12.70	258
佳木斯市	26.98	259	3.70	315	6.08	227	3.94	255	13.26	236
呼伦贝尔市	26.98	260	5.22	269	3.63	285	5.71	215	12.42	274
乌兰察布市	26.93	261	4.40	300	4.00	278	6.37	195	12.15	284
楚雄州	26.85	262	6.69	212	5.22	247	2.75	286	12.20	281
红河州	26.79	263	7.49	175	3.72	281	2.82	282	12.76	256
铁岭市	26.50	264	4.08	307	7.74	190	3.29	271	11.38	303
陇南市	26.35	265	6.67	215	4.78	255	3.08	276	11.82	289
阿拉善盟	26.35	266	6.94	198	4.50	264	4.14	249	10.77	313
锡林郭勒盟	26.30	267	5.19	270	4.74	257	3.69	264	12.68	261
阜新市	26.12	268	4.90	278	5.91	236	0.96	325	14.35	178
葫芦岛市	25.99	269	5.19	272	7.30	198	0.63	334	12.87	249
定西市	25.80	270	4.69	289	4.24	272	4.07	252	12.79	253
贵港市	25.61	271	4.50	295	4.67	261	2.11	310	14.33	180
黔西南州	25.58	272	7.23	183	2.50	306	3.44	268	12.42	275
武威市	25.51	273	4.50	294	5.45	242	2.71	288	12.85	250
哈密市	25.32	274	5.97	246	4.20	274	3.47	267	11.68	293
平凉市	25.31	275	6.20	233	3.38	289	3.33	269	12.39	276
朝阳市	25.13	276	4.79	286	6.65	218	2.02	312	11.68	295
朔州市	25.05	277	5.42	259	3.97	280	2.79	283	12.88	248
乌海市	24.97	278	4.17	306	5.92	235	3.21	273	11.68	294

附表2-1（续10）

城市	金融发展综合指数		金融资源供给丰富度		金融服务有效度		金融政策支持度		金融环境承载度	
	得分	排名	得分	排名	得分	排名	得分	排名	得分	排名
儋州市	24.95	279	4.52	292	3.52	287	3.66	265	13.25	237
四平市	24.92	280	3.93	313	4.61	263	3.08	277	13.30	232
丽江市	24.82	281	6.27	227	3.97	279	2.79	283	11.79	291
金昌市	24.67	282	7.27	180	3.63	284	2.42	298	11.35	304
鸡西市	24.39	283	4.83	281	4.70	260	2.70	289	12.16	283
来宾市	24.19	284	5.82	249	2.78	301	2.66	291	12.93	247
辽源市	24.16	285	4.39	301	4.83	253	3.86	260	11.08	307
临沧市	24.14	286	4.83	283	3.30	291	2.37	302	13.64	217
昭通市	24.11	287	5.28	267	1.87	318	4.20	247	12.75	257
商洛市	24.09	288	5.76	251	3.64	283	2.05	311	12.64	263
辽阳市	23.87	289	1.60	331	8.39	171	1.72	317	12.17	282
崇左市	23.81	290	6.21	232	2.48	307	2.28	306	12.84	251
河池市	23.71	291	5.39	263	3.27	293	2.02	312	13.03	244
防城港市	23.68	292	6.13	239	3.16	296	1.91	314	12.48	272
海东市	23.60	293	5.09	276	4.19	275	2.79	285	11.53	299
阿坝州	23.26	294	4.34	302	3.41	288	4.27	246	11.24	306
白山市	23.24	295	5.30	266	4.66	262	2.25	307	11.04	310
嘉峪关市	23.15	296	3.98	311	5.83	237	2.45	295	10.89	311
本溪市	23.01	297	2.80	326	5.34	244	2.42	298	12.44	273
山南市	22.98	298	4.56	291	6.88	213	2.18	309	9.36	327
中卫市	22.78	299	4.33	304	4.32	268	2.35	303	11.78	292
塔城地区	22.56	300	6.15	237	2.83	300	2.88	281	10.70	314
大理州	22.43	301	0.79	336	5.92	234	3.11	275	12.61	264
庆阳市	22.35	302	3.69	316	2.72	303	2.44	296	13.49	227
白城市	21.74	303	4.02	309	1.96	315	3.25	272	12.50	270
松原市	21.67	304	4.86	280	1.78	322	2.98	278	12.05	286
七台河市	21.56	305	6.94	199	3.56	286	0.73	326	10.34	317
双鸭山市	21.51	306	6.02	244	2.04	314	2.59	292	10.87	312
绥化市	21.37	307	1.15	333	4.78	254	2.91	280	12.53	268
林芝市	21.22	308	6.95	197	2.44	308	2.30	305	9.53	325

附表2-1(续11)

城市	金融发展综合指数		金融资源供给丰富度		金融服务有效度		金融政策支持度		金融环境承载度	
	得分	排名	得分	排名	得分	排名	得分	排名	得分	排名
兴安盟	20.94	309	3.30	320	2.12	313	4.03	253	11.49	301
黑河市	20.93	310	4.44	298	2.27	311	2.39	301	11.83	288
固原市	20.43	311	4.43	299	1.78	321	3.17	274	11.04	309
德宏州	20.43	312	5.68	252	1.79	320	1.15	322	11.80	290
甘孜州	20.28	313	4.08	308	1.02	328	3.85	261	11.34	305
阿勒泰地区	20.26	314	5.13	273	2.43	309	2.41	300	10.29	319
西双版纳州	20.21	315	4.31	305	2.16	312	1.50	320	12.24	279
博尔塔拉州	19.76	316	5.67	255	1.66	323	2.25	307	10.18	320
临夏州	19.41	317	3.33	319	2.40	310	1.80	316	11.88	287
迪庆州	18.68	318	4.79	285	3.18	295	0.73	326	9.98	323
伊春市	18.62	319	3.94	312	1.94	316	1.69	318	11.05	308
鹤岗市	18.36	320	4.81	284	2.95	297	0.00	335	10.59	315
海西州	18.07	321	2.59	327	2.50	305	2.53	293	10.45	316
日喀则市	18.02	322	4.51	293	0.68	331	2.51	294	10.32	318
和田地区	18.00	323	2.87	323	1.86	319	1.07	324	12.20	280
克孜勒苏州	17.07	324	2.93	322	1.58	324	2.43	297	10.13	321
吐鲁番市	16.85	325	3.49	318	2.63	304	0.73	326	10.01	322
怒江州	15.98	326	4.72	288	1.07	327	0.73	326	9.46	326
海南州	15.58	327	4.83	282	0.95	330	0.73	326	9.08	330
大兴安岭地区	15.23	328	4.45	296	1.49	325	0.00	335	9.29	329
海北州	14.35	329	4.01	310	0.54	333	1.45	321	8.34	332
黄南州	14.02	330	4.45	297	0.54	333	0.73	326	8.31	333
昌都市	13.82	331	-0.77	337	1.90	317	2.93	279	9.75	324
果洛州	12.36	332	3.93	314	0.34	335	0.73	326	7.36	335
甘南州	12.29	333	0.80	335	1.02	328	1.15	322	9.32	328
阿里地区	12.18	334	2.02	329	1.21	326	1.88	315	7.06	336
那曲市	11.99	335	1.36	332	0.00	336	1.69	318	8.95	331
玉树州	11.49	336	2.85	324	0.00	336	0.73	326	7.91	334
三沙市	6.75	337	1.00	334	0.68	331	0.00	335	5.07	337

后记

中国"双创"金融指数（CIEFI）的编制工作得到了中国（深圳）综合开发研究院内外部专家的支持，其中金融发展与国资国企研究所的余鹏、张佩、梁姣姣、陈材杰、陈珂等同事在写作方面给予了支持，财务部同事徐宏飞在数据统计方面给予了支持，北京师范大学杨子年同学、集美大学赵硕同学对部分数据收集整理提供了支持，在此一并表示感谢。

在 CIEFI 评价过程中，各城市统计数据的准确获得是编制工作的最大困难，一些城市统计年鉴出版时间滞后，也直接影响了本指数发布的及时性。为了更及时地获取数据并听取社会各界对本指数编制的意见，我们衷心希望各城市的统计部门和金融主管部门能够积极参与指数评价工作，提出宝贵的意见。

CIEFI 课题组联系方式：

网站：http://www.cfci.org.cn

联系人：张祥

电话：0755-82470464

传真：0755-82470202

Email：zx@ cdi.org.cn